Семейный доктор

Виктория Леда

ДИАГНОЗ РАК

ШКОЛА ВЫЗДОРОВЛЕНИЯ

 **ПИТЕР**®

Москва · Санкт-Петербург · Нижний Новгород · Воронеж
Ростов-на-Дону · Екатеринбург · Самара · Новосибирск
Киев · Харьков · Минск
2010

Виктория Леда

Диагноз — рак. Школа выздоровления

2-е издание

Серия «Семейный доктор»

Заведующая редакцией	*В. Малышкина*
Ведущий редактор	*О. Феофанова*
Литературный редактор	*Н. Шелковникова*
Художник	*О. Полонникова*
Художник обложки	*Л. Адуевская*
Корректор	*Е. Федотова*
Верстка	*И. Проворов*

ББК 53.59   УДК 616-006

Виктория Леда

Л39   Диагноз — рак. Школа выздоровления. 2-е издание. — СПб.:
Питер, 2009. — 128 с.: ил. — (Серия «Семейный доктор»).

ISBN 978-5-49807-445-0

Диагноз — рак. В глазах темнеет, липкий пот ползет по позвоночнику, трудно дышать, сердце сжимается в тоске... Первая мысль: «Я умру». Стоп! Пока вы живы, вы можете выбрать жизнь. И вы будете жить!!!

Авторы — психолог-онколог и ее пациентка — вместе прошли путь от смерти к жизни. И они утверждают: выздоровление не только возможно, оно неизбежно, если человек помимо медицинского лечения работает с глубокими психологическими причинами заболевания. Авторы предлагают уникальные психотехники и упражнения. Применяя их, человек излечивает не только тело, но и душу. А значит, изменяет к лучшему всю свою жизнь!

Данная книга не является учебником по медицине. Все рекомендации должны быть согласованы с лечащим врачом.

ISBN 978-5-49807-445-0

ООО «Лидер», 194044, Санкт-Петербург, Б. Сампсониевский пр., дом 29а.
Налоговая льгота — общероссийский классификатор продукции ОК 005-93, том 2; 95
3005 — литература учебная.
Подписано в печать 13.08.09. Формат 84x108/32. Усл. п. л. 6,72. Доп. тираж 3000. Заказ 2777-2.
Отпечатано по технологии CtP в ИПК ООО «Ленинградское издательство».
195009, Санкт-Петербург, ул. Арсенальная, д. 21/1
Телефон/факс: (812) 495-56-10

Оглавление

Авторы выражают благодарность за помощь в создании книги:

Маяцкой Татьяне Михайловне, заведующей отделением химиотерапии Хабаровского краевого центра онкологии;

Соколовой Ольге Августиновне, онкопсихологу;

Трегубóву Павлу Анатольевичу, онкологу.

Канину Виталию Сергеевичу, онкологу, гематологу

Вместо предисловия

Есть только миг между прошлым и будущим, именно он называется — жизнь!

И острее всего эту мысль мы понимаем в минуты потрясений, в те самые минуты, когда ЖИЗНЬ осознается нами именно как ЦЕННОСТЬ. И в это же время переживающий потрясение человек зачастую становится (сознательно или неосознанно) участником и режиссером предвыборной кампании под названием «Быть или не быть?».

БЫТЬ! — призывает автор и бросает вызов всему, что вас до сих пор могло заставить в этом сомневаться: страхам, беспокойству, неверию в себя.

БЫТЬ, И ЕЩЕ КАК БЫТЬ! — утверждает автор. Ведь человек, по большому счету, часто именно в такие моменты ВПЕРВЫЕ задумывается о том, КАК ЖИТЬ.

Неужели стрессы и депрессии — это действительно желаемые результаты в нашей с вами жизни?

Что такое «максимум жизни»?

Как вернуть радость бытия?

Эти и другие вопросы поднимает автор и предлагает в качестве помощи практические рекомендации и методики.

А. В. Меркурьева,
региональный представитель
московского центра «Синтон»
в Хабаровске

Следует констатировать факт роста числа заболеваний, особенно среди женщин. Уровень заболеваемости по сравнению с 70–80-ми годами вырос в 20 раз. Поистине устрашающая статистика!

Как показывает мировой опыт, успешность решения задач по лечению и реабилитации больных с онкологическим диагнозом зависит от собственно лечебных усилий, от своевременной квалифицированной психологической помощи, а также и от усилий самого больного.

Онкологическое заболевание производит сильное эмоциональное впечатление и наносит мощную физическую и психическую травму человеку, что становится значимым событием жизненного опыта, определяет особенности поведенческих и эмоциональных реакций в течение всей последующей жизни. Как перенести психическую травму, как справиться с ней, вернуть вместе с физическим и психическое здоровье?

На эти вопросы отвечает книга.

В ней раскрываются актуальные способы, с помощью которых удается справиться с жизненными трудностями, с негативными эмоциональными переживаниями, со стрессовой ситуацией, в которую попадает человек, заболевший раком.

Как практикующий врач, хочу отметить, что применение психологических техник в курсе прохождения лечения позволяет справиться с отрицательными переживаниями и повышает успешность лечения.

Печально, но приходится признать, что в России практически не развита патронажная служба, призванная оказывать духовную и психологическую поддержку больным тяжелым недугом.

На фоне этой ситуации книга «Диагноз — рак. Школа выздоровления» актуальна и необходима для поддержки людей, попавших в сложную ситуацию заболевания.

Т. М. Маяцкая,
врач высшей категории, заведующая отделением химиотерапии Краевого клинического центра онкологии, ведущий химиотерапевт

Ознакомившись с материалами книги «Диагноз — рак. Школа выздоровления», я пришла к выводу, что ее публикация совершенно необходима для людей, страдающих онкозаболеваниями.

Книга системно освещает все неизбежные проблемы, с которыми сталкивается человек, попавший в положение онкобольного. Подробно обсуждаются как медицинские вопросы, так и вопросы, касающиеся проблем в области психики больного, функционирование которой качественно отличается от функционирования психики человека здорового.

Психологическое образование, предшествующий опыт авторов позволили предложить читателю большое количество психотехник, методов, которые окажут неоценимую помощь страдающим от тяжелого недуга как в процессе лечения, так и в период реабилитации. Авторы нашли свой стиль изложения текста, доверительно обращаясь к читателю, убеждая, утешая, подбадривая его на протяжении всей книги.

О. А. Соколова,
председатель Совета Хабаровской краевой общественной организации «Шанс для надежды», онкопсихолог, член бщероссийской профессиональной психотерапевтической лиги, Лауреат премии «За подвижничество», номинантка на Нобелевскую премию Мира 2005 года

Глава 1

Случилось страшное…

Ваш диагноз — рак.

В глазах потемнело, мерзкий липкий пот ползет по позвоночнику, руки и ноги словно заледенели, стало трудно дышать, сердце сжалось в тоске, будто страшные умертвии высосали душу. *Первая мысль: «Я умру»*.

Вы действительно собираетесь это сделать — умереть, так как уверены, что ничего сделать нельзя, все равно ничего не поможет? То есть умереть — это ваш сознательный выбор? Если это так, то у нас с вами разные дороги, нам не по пути. Закрывайте книгу и езжайте на кладбище подыскивать себе уютное место для могилы. При этом захватите побольше носовых платков, ведь вам предстоит серьезно и долго себя оплакивать.

НО…

Истины ради хочется заметить, уважаемый больной читатель, что когда вы умрете, мир без вас не изменится, ему вообще-то до вас нет абсолютно никакого дела. Ему от вас (или без вас) ни жарко, ни холодно. И не тешьте себя надеждой, что после вашей смерти родные, близкие, любимые до конца своих дней будут рвать на себе волосы и стенать круглыми сутками под звуки похоронного марша Шопена.

Да, вы заставите своей смертью страдать их неимоверно, сделаете их жизнь адом. Возможно. Но!

Но они, как и все люди, — просто люди, поэтому их жизнь будет идти своим чередом, боль притупится, утихнет, ваш образ истончится, и в один прекрасный день он растает в их памяти легкой дымкой. Это все, что останется после вас.

А теперь представьте себе, чего лишитесь вы, выбрав смерть.

Вы уже никогда не понежитесь в теплых ладошках своего ребенка или внука, никогда не сольетесь в объятиях со своим любимым человеком, никогда не испытаете радости от встречи с друзьями, никогда не почувствуете гордости за собранный урожай с дачи, за небывалый улов, не переживете волнения за героя любимого фильма, никогда не рассмеетесь над анекдотом, никогда не споете задушевную песню, никогда ласковая волна не обнимет ваши плечи, как всех тех, кто останется жить... Продолжать?

Так вот, выбрав смерть, вы лишитесь всего этого. А мир будет жить дальше. Только без вас. Как у Высоцкого:

Тот же лес,
Тот же воздух,
И та же вода,
Только он не вернулся из боя...

Вы все еще сомневаетесь в выборе — жить вам до 98 лет или вскоре умереть?

Если умереть, то отправляйтесь туда, куда я вас послала (помните, на кладбище?).

Если же вы выбрали жить, то я вас поздравляю — вы жить будете!!!

Как вы думаете, что для этого надо делать? Правильно, умница, угадали!!!

РАБОТАТЬ НАД СОБОЙ, РАБОТАТЬ С СОБОЙ.

А я вам в этом помогу, потому что я сама прошла этот путь!

Верьте в себя, и у вас ВСЕ получится!!!

Ну что, поехали?

Для начала вам необходимо снять остроту стресса, который возник у вас после оглашения диагноза. Наверняка найдутся люди с крепкой нервной системой, которые воспримут его более-менее спокойно, но большинству читателей сейчас наверняка худо.

Здесь помогут те общедоступные лекарственные препараты, которыми вы обычно снимаете нервозные состояния — это и успокаивающие средства: настойки валерианы, пиона, пустырника; это и препараты, стабилизирующие сердечную деятельность: валидол, кордиамин, валосердин, валокордин и другие.

Мне, например, ночью после этого страшного дня невозможно было уснуть: как будто останавливается сердце, дыхание словно перекрывается, вот-вот умру… А это, оказывается, просто шалили нервы. Поэтому и помогли мне транквилизаторы, назначенные доктором. Назначенные сразу же после того, как утром я примчалась в больницу, думая, что это предсмертное состояние, и жить мне осталось полчаса, и у меня нет времени даже написать завещание.

Благодаря чуткости врача я узнала, что мое ночное состояние просто было вызвано физиологическими процессами. Оказывается, в области солнечного сплетения сосредоточено большое количество нервов (поэтому и «сплетение»), которые приходят в состояние возбуждения при потрясениях. И это возбуждение настолько сильно, что оно распространяется на области сердца и желудка, поэтому возникают такие боли и спазмы. Поэтому, если у вас были подобные симптомы, не терпите, обязательно идите к врачу — он вам поможет.

Глава 2

Зри в корень

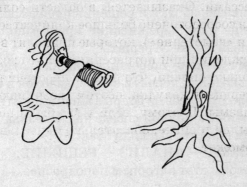

Итак, у вас — онкологическое заболевание, и это — не проблема. Это свершившийся факт. Проблема же — бесчисленное множество страхов, связанных с ним. «Все ужасно...», «Жизнь закончена...», «Впереди пустота...»

При таких формулировках это не проблема — это проблемное состояние. А так как эти мысли бесконечно крутятся в голове, проблема окутывает вас, как туман, вы тонете в ней, как в черном омуте, и нет ясности, с каких конкретных шагов надо начинать движение к решению — выздоровлению.

На самом деле любая проблема, в том числе и ваша, — это не тяжело. И не стоит полностью перекладывать ответственность за нее на родных, близких и врачей. Ведь любой доктор скажет вам, что от усилий медицины зависит только 50 % успеха в лечении, другие же *50 % успеха зависят от вас*, дорогой читатель.

Так вот, это — не тяжело, если вы сейчас научитесь технике обработки и решения проблемы.

Пока еще идет переживание проблемной ситуации, но давайте уже ее решать!

Как переменить «переживательное» отношение на деятельное, как перейти с охов, вздохов и бесприютной жалости к себе на бодрые жизнерадостные шаги по ступеням к полной победе над болезнью?

В общем виде это выглядит так:

ПРОБЛЕМА — АНАЛИЗ — РЕШЕНИЕ.

Рассмотрим этот алгоритм поподробнее.

Ступень первая

Перестаньте страдать и рыдать: снимите трагическую маску с лица, забудьте слова типа *«горе»*, *«несчастье»*, *«кошмар»*, исключите жесты отчаяния и за абсолютной ненадобностью выбросьте этот мусор на помойку.

Возьмите ручку, бумагу и проведите ревизию своей личности, своего окружения. Что у вас есть? Например, это могут быть:

- любящая и любимая семья;
- надежные друзья;
- интересная работа;
- квартира;
- машина;
- дача;
- высокая работоспособность;
- ответственность;
- доброта;
- обаяние;

- чувство юмора;
- музыкальный слух

и многое другое, что вы отыщете и в себе и вокруг себя.

А теперь ответьте, что хорошего у вас есть. Например, начать можно так: «Хорошо, что я...», «Хорошо, что у меня...».

Ступень вторая

Уже выброшены на помойку негативные формулировки, поэтому переходим к реальным фактам. Ответьте себе по возможности максимально четко: «Моя проблема заключается в том, что...»

Внимание! В формулировках типа «Я боюсь умереть», «Я не верю в успешность лечения» нет четкой мысли, ищите границы вашей проблемы и ее конкретное место. Например: «Я боюсь умереть, потому что маленькая дочка останется сиротой», «Я боюсь смерти, потому что не хочу, чтобы моя жена вышла замуж за другого». Постарайтесь быть максимально честными перед собой.

Ступень третья

Определите суть проблемы, найдите ее корни.

Чтобы решить проблему, надо разобраться, что является ее причиной, ее источником, ее настоящим корнем.

Например, почему вы боитесь, что ваш ребенок может остаться сиротой? Сомневаетесь в надежности близких и родных? Если сомнения небеспочвенны, может, в этом есть и доля вашей вины?

Досаждает мысль, что ваша половина недолго будет носить по вас траур? Можно предположить, что между вами нет теплых, сердечных, доверительных отношений. Возможно, первый шаг к возрождению доверия и любви стоит хотя бы сейчас сделать вам?

Переживаете за то, что ваш бизнес может развалиться в ваше долгое отсутствие? Тогда задумайтесь именно сейчас, правильную ли политику фирмы выбрали, есть ли уверенность в своей команде?

Ужасает мысль, что в трудную, тяжелую минуту после очередной изнемождающей, изнурительной процедуры рядом не будет ни одного человека, кто посочувствовал бы, сказал бы доброе слово или просто побыл рядом? Славно же вы потрудились для того, чтобы на такой густо населенной планете остаться одиноким!

Надеюсь, что в ближайшее время вы намерены исправить это положение, ведь хороших людей несравненно больше, чем плохих. Разрешите себе просто заговорить с симпатичным человеком в автобусе, театре, в очереди, наконец. Поверьте, у вас очень здорово получится завязать знакомство с тем, кто вам понравится, поэтому приступайте немедленно!

Поняли, что к чему? Тогда начинайте действовать.

Вы — гений!

Кстати, вас все еще мучает зависть — по поводу того, что огромное количество людей вокруг вас остались здоровы, а вас настигла эта страшная болезнь?

Так я открою секрет, что каждый, на кого выпал онкологический диагноз, задавал себе этот мучи-

тельный вопрос: «Ну почему это
произошло именно со мной?!»

Давайте разберемся в этом. Когда вы с завистью смотрите на окружающих, то думаете об их без-
мятежно счастливой жизни? А вы
не предполагаете, что в действительности это может быть совсем
не так?

Знайте, что по статистике смертность от онкологических заболеваний стоит аж на четвертом месте!
Кроме этого, практически каждый взрослый человек
на планете страдает от психологических проблем
внутри себя и в микросоциуме. Вспомните послови-
цу: «В каждом дому — по кому». Вы и понятия на самом деле не имеете, что творится в душе вашего со-
служивца, соседа или просто прохожего.

Будьте уверены, что большинство до конца своих
дней так и будет мучиться от своих неразрешенных
проблем. А вы, в отличие от них, уже начали работу
над решением своих проблем и, пройдя до победного
конца вместе со мной, *станете более уверенными,
более мудрыми, более светлыми, более здоровыми,*
чем многие из тех, кому вы сейчас отчаянно зави-
дуете, *и обязательно — счастливыми!!!*

Глава 3

Мы в такие шагали дали

Справиться с сиюминутными переживаниями и проблемами некоторых соматических и психических состояний мы научимся, но для этого необходимо заняться размышлениями о максимуме своей жизни. Ведь вы, наверняка, хотя бы раз в жизни задумывались, что будете делать дальше и каким себя видите в будущем.

Так вот, сейчас жизнь для вас не кончена, и очень важно составить план своей последующей жизни. Для чего? Да для того, чтобы увидеть:

места для болезни в нем нет!!!

Поймите, когда у человека нет жизненных целей, то он сидит на месте и чем угодно себя занимает: скорбит о самом себе, завидует во все стороны, даже сходит к очередной ведунье, чтобы снять порчу или родовое проклятье, лишь бы ничего не делать.

А когда появляется цель, когда появляется дело его жизни, максимум его жизни, когда у него есть куда стремиться, он идет, его мозг и тело работают только на одно — на достижение цели, и он идет, сметая и преодолевая все трудности на своем пути! Правда же, это — про вас?

Каждый оставляет после себя какой-то след, и максимум жизни — это то самое большое и важное, что окажется настоящим результатом жизни. И каким он будет у вас, что окажется настоящим смыслом вашей жизни?

Берем ручку, бумагу и ищем ответ на этот вопрос — какой будет ваша жизнь?

Если вам 30–40, используйте эту примерную схему-план.

Если больше или меньше лет, опираясь на схему-план, поработайте самостоятельно, сужая или раздвигая временные периоды, но ближайший год рассматривают все без исключения обязательно!

1. Представьте себе, что вам 98 лет. Каким вы видите себя?

Физически крепким, здоровым, в окружении многочисленных правнуков. Любимый — рядом. Кошечка или песик уютно устроились у ваших ног. Жилье чистое, светлое и уютное. Милые сердцу увлечения (цветоводство или рыбалка).

Возможно, вы всю жизнь занимались научной или педагогической деятельностью, и ученики, постоян-

но донимая вас вопросами, сомнениями, тем самым постоянно держат вашу мозговую деятельность в активном состоянии. Или готовите к очередному изданию книгу...

Продолжите сами.

2. Для того чтобы все это у вас было в 98 лет, что вы делаете за 20—30 лет для этого?

Что конкретно делаете для укрепления здоровья (физзарядка, бег, обливание холодной водой, контрастный душ — сколько раз в день, неделю, сколько на это уходит времени и т. п.)? Для укрепления памяти выучиваете по 2—3 стихотворения в неделю, чтобы в пункте № 1 вас не догнал старческий маразм. Помните, что мозговая активность, как и физическая, зависит от регулярных тренировок.

Вы на пенсии, но, возможно, у вас есть работа. Какова зарплата, позволяет ли она купить новую шляпку или набор слесарных инструментов? Ведь жилье, дача, автомобиль не обойдутся без ваших золотых рук. Возможно, вы стали пчеловодом.

А может, вы имеете свой бизнес, в который вкладываете много сил и времени и готовитесь передать его в достойные руки сына или внука.

Помните своих учеников в 98 лет?

Вы еще читаете им лекции, являетесь руководителем их дипломных работ, вас приглашают на защиту кандидатских диссертаций. Пишете очередную книгу, гонорар от которой обеспечит вашу дальнейшую жизнь.

Независимо от рода деятельности балуете внуков вкусненьким, играете с ними в шахматы, гоняете по Интернету, разгадываете кроссворды, помогаете им писать сочинения, ведь именно их дети будут вас окружать в 98 лет.

Любите проводить свободное время на даче, выводя новые сорта помидоров и лилии, ходить в лес, наслаждаться красотой природы, ездить в гости к близким и родным, к друзьям, совершать туры по стране, миру?

3. Вам 45–50.

Вы физически и умственно активны, энергичны. Ежедневные физкультурные упражнения и водные процедуры (какие конкретно, частота, количество?).

Вы и ваш любящий супруг уже сделали карьеру, достигли профессиональных высот или развили свое дело, что сейчас помогает вам щедро делиться знаниями и опытом с детьми, начинающими этот путь.

На работе молодые и напористые наступают на пятки? Для укрепления своего положения вы поступаете в профильный вуз (какой именно?) или же оканчиваете необходимые курсы (конкретно какие?). Смущает возраст? А вот в Германии в высших учебных заведениях открыли отделения для пожилых, на которых обучаются пятидесяти-восьмидесятилетние студенты. А вам слабо́? Ведь многие из вас гораздо моложе!

Скорее всего, у ваших детей есть свои дети, и они нуждаются в вашей помощи по уходу и воспитанию.

Родители, вероятно, еще живы, вы помогаете им как морально, так и материально, потому что вы серьезны и ответственны.

Вашей привычкой стало полное медицинское обследование 2 (два!) раза в год, чтобы вовремя дать пинка какому-нибудь подкрадывающемуся недугу.

К старым проверенным друзьям добавилась пара-тройка новых. Вместе с ними вы бываете в театре, на пикниках, рыбалке, обсуждаете секреты засолки огурцов.

После работы вы не ложитесь на любимый диван — ведь так много еще надо сделать по максимуму жизни! Ну, если очень уж хочется, то можете уютно уместиться и немного потупить перед телевизором. Редкие подарки себе в виде хладнокровного ничегонеделания иногда очень даже полезны.

4. Прибавьте к своему реальному сегодняшнему возрасту год.

Чтобы ваш жизненный максимум сработал, определитесь в целях на этот год. Как я понимаю, вы намерены выздороветь — и это ваша главная цель на ближайшее время. Что для этого необходимо сделать, какие задачи следует поставить и решить, чтобы этой цели добиться?

Во-первых, неукоснительно следовать предписаниям врача. На сегодня он является вашим главным другом. Помните? Первые 50 % успешности лечения медициной гарантированы.

Во-вторых, нужно повысить качество своей жизни. Вспоминайте ступень третью алгоритма решения проблемы.

В-третьих, освоить техники саморегуляции, поддержания душевного и физического тонуса. Еще не знаете как? А я на что?

В-четвертых, решить для себя вопрос: уйти на инвалидность или остаться на своем рабочем месте? (Варианты решения вопроса мы рассмотрим ниже).

Разогрейте свою фантазию и по своему усмотрению дополните этот список задач.

Неужели это все? Какие цели вы поставите на ближайший год еще, каковы будут задачи для их достижения?

И вообще, то, что сейчас перед вами написано, — это действительно МАКСИМУМ вашей жизни? Это все, что вы сможете сделать за такую длиннющую жизнь? То-то же.

Я горжусь тем, как вы творчески мыслите и продуктивно работаете!

Глава 4

Тяжело в учении — легко в бою!

То, чему вы сейчас научитесь, поможет не только успешно решить задачи и достичь целей, поставленных на этот год, но и очень пригодится в вашей дальнейшей жизни.

Прежде чем мы вместе начнем осваивать техники саморегуляции, поддержания душевного и физического тонуса, вам нужно знать следующее.

Эффект, причем ошеломляющий, возможен только в том случае, если каждое упражнение, каждое задание от начала и до конца будет вами выполняться осмысленно и прочувствованно!!!

На самом деле важны не сами упражнения и задания, а ваш внутренний настрой, внутреннее состояние, в котором вы их выполняете. Еще Демосфен вывел одно из важнейших теоретических положений: «Успех приносит не столько сила воли, сколько сила собственного воображения».

Вспомните свои утренние физзарядки в пионерском лагере. Еще досматривая последний сон, причем с открытыми глазами, вы абсолютно механиче-

ски двигали руками и ногами под раздражающе бодренькую музыку и команды садиста-физрука, глубоко уверенного, что это укрепляет ваше тело. Наивный! На самом деле, кроме вентиляции легких свежим утренним воздухом, никакой пользы для вашего костно-мышечного аппарата не было.

Так вот, 90 % внимания нужно направлять на создание внутреннего настроя и только 10 % — на технику выполнения.

Для того чтобы создать внутренний настрой, разум и душа должны пребывать в спокойном состоянии. Чтобы этого достичь, вы должны научиться работать с проблемными состояниями. Понимаю, что их и сейчас очень много, и почти все они связаны с болезнью, но для внутреннего настроя, душевного спокойствия необходимо научиться их снимать. Величайший психолог-практик нашего времени Н. И. Козлов предлагает для достижения этого следующую последовательность шагов.

Шаг первый

Задайте себе вопрос: какое проблемное состояние сейчас обременяет разум, душу и сердце, какое проблемное состояние вы хотите изменить?

Мы уже говорили, что не так важно, какова сейчас проблема, в данном подходе важнее то, какое чувствование, какое ощущение себя в связи с существующими обстоятельствами вас не устраивают, и что вы хотели бы в себе изменить. Вы же понимаете, что далеко не все ситуации в жизни зависят от нас, и если мы не можем ситуацию изменить, мы должны изменить свое отношение к ней.

Вас ожидает первый сеанс химиотерапии или облучения? Или на завтра назначена операция, от которой будет зависеть многое, и поэтому сейчас вы чувствуете растерянность, беспомощность, подавленность, тревожность?

Или вас одолевают сомнения, что лечение проходит недостаточно быстро и эффективно, и страх заполняет всю вашу сущность?

Может быть, вас грызет мысль, что близкие недостаточно понимающе, внимательно и сочувствующе к вам относятся, и обида, злость, ощущение одиночества терзают душу?

Как вы точнее определите здесь свое проблемное состояние?

Итак, пишем:

Моя проблема заключается в том, что я ощущаю себя:

_____

_____

_____

_____

_____

Шаг второй

Негативное целеполагание: что вы хотите прекратить или чего избежать?

Негативное целеполагание — техника достаточно спорная, особенно если иметь в виду, что активное привлечение внимания к любой (неважно — позитивной или негативной) цели обычно имеет результатом то, что цель начинает притягивать человека...

Однако как промежуточный этап, как ступень при переходе к позитивному целеполаганию, определение «чего я не хочу» есть процедура важная и неопасная. Если, оперативно определившись с тем, от чего хотите избавиться, вы все свое внимание потом сосредоточите на том, что вам нужно, то никаких сюрпризов ваша психика не выдаст.

Хорошо, но зачем же все-таки так необходимо негативное целеполагание?

Николай Козлов исходит из неочевидной для обыденного сознания предпосылки, что любое переживание возникает не просто как реакция на жизненную ситуацию, за этим стоит какой-то личностный выбор. Кроме этого, по природе и изначально любое человеческое поведение мудро и целесообразно.

В данном случае это означает: если вы это переживаете, то вам это зачем-то нужно, в этом есть какой-то мотив, какая-то скрытая выгода. Есть что-то неистребимо сладкое в том, чтобы в кажущейся неразрешимой ситуации чувствовать себя беспомощным, несчастным и одиноким, которого покинули все. Как минимум, после этого существенно легче не выполнить обязательную процедуру, пропустить прием необходимого лекарства, обливание, не сделать физзарядку и т. д.

Что-то тянет (сейчас не важно — что!) вас раз за разом прокручивать возможный негативный финал, и вам кажется невозможным не злиться на весь мир (читай: «злить-ся, злить себя»). Но несложный психоана-

лиз — и мотивы оказываются не такими уж и таинственными.

Соответственно у вас должно быть два решения: не только решение двигаться вперед (ваша позитивная цель), но и твердое решение прекратить раз за разом возвращаться в ваш любимый тупик (негативное целеполагание). Пока вы не внесете в этот пункт определенность, есть опасность, что вас все время будет тянуть к вашему негативу. Если же вы напишете свое решение определенно и уверенно, это поможет прекратить ненужные сомнения. Вы будете четко знать, что вам не нужно.

Я хочу прекратить чувствовать себя:

_____

_____

_____

_____

_____

Шаг третий

Определите противоположность проблемного состояния, сформируйте образ желаемого, искомого результата: «ЧТО противоположно проблемному состоянию? Как я хочу себя чувствовать?»

Это просто. На этот вопрос вы ответите всегда и — спасибо негативному целеполаганию! — теперь уже позитивным образом. Например, если вы хотите прекратить чувствовать себя неуверенно, тревожно, подавленно, то ваша формулировка будет теперь, скорее всего: «Я хочу взамен чувствовать себя уверенно, спокойно, расслабленно, радостно!»

Итак, я хочу взамен чувствовать:

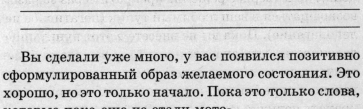

Вы сделали уже много, у вас появился позитивно сформулированный образ желаемого состояния. Это хорошо, но это только начало. Пока это только слова, которые пока еще не стали мото-ром. Пока это только семечко, из которого должен вырасти цветок. Пока это правильная, но еще пустая рамка, которую нужно наполнить жизнью, то есть плотностью, глубиной, красками, вкусом и запахом.

Когда вы сделаете это, то вам не нужно сознательно тянуть себя к достижению искомого результата: образ результата, такой уже свой, такой живой, нужный и вкусный, сам будет тянуть вас к себе, самым естественным образом привлекая ваше внимание.

Ваша очередная задача — сформировать максимально чувственно богатый образ будущего результата. Это будет сделано за два следующих шага.

Шаг четвертый

Найдите подходящий аналог, модель, образец искомого состояния в своей жизни или жизни знакомых вам людей. «В каких жизненных ситуациях у меня бывает искомое состояние? Кто из известных мне людей в состоянии достичь подобного состояния?»

Оба эти вопроса работают в одном направлении: они помогают найти ту живую модель, которая подскажет вам способ воплощения сформированного вами образа, укажет тот конкретный маркер, который будет говорить о том, что желаемое вами — реально, достижимо.

Все просто: если что-то могут делать люди вокруг вас — значит, это можете и вы. Так же, как: если искомое вами состояние у вас уже когда-то было или бывает, если вы используете его в какой-то другой ситуации — значит, это, в принципе, в ваших силах, и вам нужно только перенести свое известное состояние в проблемную ситуацию. Когда вы нашли подходящий образец, многое облегчается.

Вспомните, например, какими хорошими у вас получались отчеты, доклады и как уверенно, легко вы чувствовали себя в кабинете начальника, на трибуне? Или вы быстрее других научились плавать и долго носили в себе ощущение триумфа и победы? А может,  у вас раньше всех поспевает самая вкусная клубника, и вы гордитесь этим каждое лето, или получаются самые восхитительные булочки на свете, удивляющие всех? Как вы при этом чувствуете себя, какие испытываете ощущения?

Итак, я хочу действовать или быть как:

_____

_____

_____

_____

_____

_____

_____

_____

Шаг пятый

Действуя по образцу, в чувствах и мыслях воссоздайте способ и технику, работающие в вашей проблемной ситуации. «Что, ориентируясь на образец, я могу использовать для воспроизведения желаемого состояния?»

Действительно, почему, за счет чего это работает там? Что из механизмов, способов и правил я могу использовать для воспроизведения желаемого состояния?

Приведу понятный для большинства пример. Вообразите, что пришли на курсы вождения, и вам достался талантливый (редко, но бывает!) инструктор. Сели за руль, и инструктор предложил вам расслабиться и почувствовать себя за рулем уютно. Не торопясь, вы повозились с сиденьем, подладили его под себя, поиграли с расположением рук на руле, понажимали на педали — просто так! И обнаружили, что у вас это получается.

Потом, улыбнувшись и приободрив вас, инструктор объявил, что сегодня вам не удастся сломать или разбить машину, как бы ни старались. Вы поняли, что это правда, и стали спокойно слушать дальнейший инструктаж.

Скоро машина стала казаться простой и понятной. Вы услышали, что и как надо делать. Вы повторили, что и как будете делать. Потом вы закрыли глаза и нарисовали картинку, представили, как вы это делаете.

После начали делать это в реальности, и, как бы ни дергалась машина, сколько бы ни глох мотор, инструктор уверяет, что у вас прекрасные успехи и вы продвигаетесь потрясающими темпами. И вы почему-то начали ему верить!

То же самое можно представить и с обучением плаванию. Похожие ситуации, когда тренер вас уверяет: сколько бы вы ни старались, все равно не утонете под его талантливым руководством. И вы начинаете, забыв про страх, поднимая миллионы брызг и тонны воды, смело шлепать руками и ногами под ободряющие и поддерживающие восклицания тренера!

Надеюсь, по аналогии вам несложно будет воссоздать стиль успешного обучения самого себя новому, трудному, ввергающему в панику и тупость, но очень важному делу.

Итак, для воспроизведения нужного мне состояния я могу использовать:

_____

_____

_____

_____

Шаг шестой

Сделайте инвентаризацию своих ресурсов, исходя из своих максимальных возможностей.

«Что я уже имею для достижения желаемого состояния, что мне следует использовать в большей степени?»

В каждом из нас есть все, и нужно только уметь открыть и использовать необходимое. Все, что вам нужно для достижения желаемого состояния, у вас уже есть, когда-то и где-то вы это уже делали. Значит, вы это можете, и надо просто делать это в данной ситуации и в большей степени!

Возможно, ранее вы уже рассказывали себе, *чего у вас нет и чего вы не можете*, и, удачно вспоминая нужные ситуации, были для себя весьма убедительными. Но сейчас вам предлагается другое: собрать перед своим вниманием все, *что у вас есть* для дос-

тижения цели, сделать полную инвентаризацию своих ресурсов, внимательно перечислить себе все свои знания, умения, возможности и продумать, как вы можете использовать их максимально эффективно.

Итак, в моем распоряжении уже есть:

_____
_____
_____
_____
_____
_____
_____
_____
_____

Я хочу быть более:

_____
_____
_____
_____
_____
_____
_____
_____
_____

Шаг седьмой

Действуйте «как если бы». Если бы у вас уже было полностью полученное желаемое состояние, что и как вы начали бы чувствовать и делать?

Фокус, радость и сила этого последнего шага состоит в том, что вам предлагается сделать его «как если бы», то есть в игровом стиле, легко, не нагружая себя ненужной ответственностью.

У вас уже все есть. Есть нужный образец, несложно вспомнить и сделать живым свое искомое переживание, вы знаете, как оно может и должно работать в вашей ситуации, вы собрали все свои необходимые ресурсы, — это значит, что вы готовы сделать реальные шаги.

Только приделайте себе крылья, используйте магическое «как если бы», через которое девочки мгновенно превращают себя в принцесс, а мальчики — в разведчика, делают себя победителями и — побеждают. Можете закрыть глаза, прочувствовать еще раз желаемое состояние, представить картинку будущего действия, представить себя, совершающего эти действия, и разрешить себе сделать то, что могли бы сделать!

Играйте в жизнь, в самую веселую и крутую игру на свете, используйте рамку «как если бы», и тогда, вместо того, чтобы застревать в проблеме или мяться в решении, — вы легко двигаетесь вперед, к результату!

Итак, если бы я уже достиг своего желаемого состояния, я бы:

_____

_____

_____

_____

_____

_____

_____

_____

Погрузившись в желаемое состояние, прочувствуйте его и начинайте жить в нем прямо сейчас! ЗАПОМНИТЕ, какое у вас сейчас выражение лица, глаз, какое дыхание, осанка, какие ощущения испытываете в теле и душе, какие мысли бороздят ваш мозг. Запомнив, где, что, как происходит сейчас внутри вашего тела, вы сможете воспроизвести все это при необходимости, и желаемое состояние — придет!

Знайте, что глубинные процессы всегда отражаются вовне, а внешние процессы — влияют на глубинные. Поработали над созданием внутреннего состояния — запомнили все, что происходило в теле и душе; в будущем воспроизвели все то, что происходило в теле и душе — начинаете проживать именно то внутреннее состояние.

Не верите? Подойдите к зеркалу и изобразите оцепеневшего от скудоумия полудурка: плечи ссутулены, руки висят безвольно, глазки скошены к унылому сопливому носику, челюсть отвисла, язык на нижней губе. Хорошо вчувствовавшись, постойте так минуту.

Ну и как вам там? А теперь прислушайтесь к своим мыслям — хоть одна из них присутствует? Кажется, что мозг стал гладким, словно попа, и все, что там было, утонуло в болоте тупости! Вы внешними изменениями своего тела изменили свое сознание. При особом старании потом можете создать такое же беспросветное болото в голове, при этом внешность тоже станет той же, какой вы ее сделали в начале эксперимента.

А теперь быстро сделайте свойственное вам умное личико, глазки наполните живостью, плечи расправьте, сделайте осанку королевской, носик вздерните и лучезарно улыбнитесь всему миру! И никогда больше не проводите таких мерзких опытов над собой, хорошо? Кстати, замечаете, какое количество умных мыслей сразу заполнило вашу светлую голову? Чувствуете, как хочется поработать над своими проблемными состояниями?

Вперед, за дело, их у нас немало!
Победа будет за нами!

Глава 5

Божественная

Смысл веры не в том, чтобы поселиться на небесах, а в том, чтобы поселить небеса в себе.

Томас Харди

Долгие годы в Хабаровском краевом химиотерапевтическом отделении на улице Дзержинского работал главврачом Косых Николай Эдуардович — светило медицины, имеющий много научных степеней и званий. Врач от Бога.

Многие больные, в том числе и я, хотели услышать от него волшебные слова о полном исцелении, веря в глубину его профессионализма и во всемогущество медицины:

— Скажите, доктор, я вылечусь?

— У меня есть шансы на выздоровление?

— Я не умру?

На что этот человек науки, чей талант признан не только отечественной, но и зарубежной медициной, неизменно отвечал:

«Молитесь! На все воля Божья! Сходите в церковь, попросите у Господа благословение на исцеление. На все воля Божья!

Господь милостив, он не отказывает просящему».

Мы используем все возможные средства, чтобы справиться с недугом. Ну-ка, вспомните, сколько времени вы потратили на восстановление душевного и физического равновесия в ближайшие 24 часа? Работали над собой? Вы — молодец! Не работали? Вы — лентяй! А ну-ка, выгнали лень за дверь! Понимаю, цепляется за порог, вставляет свою скрюченную ножку, чтобы дверь не закрылась. А то еще и ключик прихватит все с той же целью.

Прекратите пыхтеть, честно сопротивляясь все более изощренным ее уловкам. Здесь ведь дело-то в вашей воле к жизни. В каждом из нас живет бессознательное стремление к жизни и такое же скрытое, бессознательное стремление к смерти. Возобладание того или иного — вопрос характера, обстоятельств, времени.

Для возобладания стремления к смерти достаточно ослабления воли к жизни.

Вспомните, как в школе, классе эдак в шестом, мы читали «Повесть о настоящем человеке». Помните, как герой Мересьев, потеряв обе ноги, потом летал еще долго, словно сокол. Летал не в фантазиях над океаном слез своей немощности, а по-настоящему. Не помните? Молоды были.

Тогда вспомните Владимира Винокура, который, несмотря на прогноз врачей об ампутации ног, сейчас не только бодро ходит, но и танцует с красивыми девушками. Примеры затертые? А как насчет примеров из жизни инвалидов? Без рук, а замечательно рисует. Без ног, а в спортивных соревнованиях призовые места занимает. Слепой, а на эстраде поет, да еще как поет!

Что здесь скажешь? Немного. Всего-то — *жизнерадостность!*

И что важно: ее не надо взращивать, вселять. Ее надо просто вытащить на поверхность из глубин подсознания. Кому-то помогут это сделать психотехники. А кому их недостаточно? Ну не получается радоваться — и все тут! Знаю, сама была в такой ситуации. Ведь на предыдущей химиотерапии был подъем жизненных сил. И солнце было теплым и ласковым. И нежности с дочкой казались космическими. А тут сбой. Страх смерти поглотил, казалось, все наработанное положительное эмоциональное состояние.

Как-то сами собой всплыли в памяти слова Николая Эдуардовича, глубоко верующего человека: «На все воля Бога». И я пошла в дом Бога.

Стояла, подавляя приступы тошноты. Душно. Все стоят плечо к плечу. В глазах мельтешение. В ушах звон. Присела на какую-то приступочку. Сознание периодически отключалось. Но я выдержала.

На покаяние осталась. Видок был такой, что народ в первую очередь пропустил. Меня буквально в чувство приводили. Читали молитвы. Сзади кто-то поддерживал, кажется. Когда начала в себя приходить, чувствую, слезы потоком льются из глаз. И как-то вдруг хорошо стало. Легко. Сознание восстановилось. Дурнота прошла. Дышать легко стало. Наступило благоговение. Поняла, что наступил переломный момент. Стремление к жизни вернулось.

Сходите в то место, где вы сможете помолиться своему Богу. Катарсис, пережитый именно там, помог мне справиться с кризисной ситуацией.

Религия не только укрепляет духовность общества, воспитывает нравственность, но и еще, как вы только что убедились, религия психотерапевтична. Она возвращает человеку душевный мир. Ведь истинно верующий человек живет с особенной душой — доброй, отзывчивой, умиротворенной, поющей.

Имея много положительного, религия воздействует далеко не на всех. Ее воздействие распространяется на личности определенного уровня. Если вы чувствуете необходимость обращения к Богу, то идите в церковь. Я считаю, что любая религия хороша, если она помогает человеку, поэтому неважно, христианскую веру вы исповедуете, мусульманскую или буддийскую.

Глава 6

В свободную минуту...

Если вы читаете эту главу, значит, вы со мной. Ура.

Я беру вашу теплую ладонь в свои руки.

Искренне смотрю в ваши ясные глаза.

Я говорю вам: идите за мной дальше, ведь нам нужна одна победа, одна на всех — мы за ценой не постоим!

Я надеюсь, что вы воспользовались моим советом и сходили к доктору, чтобы снять острое стрессовое состояние, и организм уже так сильно не реагирует на мысли о диагнозе. Но вам сейчас, наверняка, пока еще тревожно. Мне в таких подострых состояниях очень хорошо помогала дыхательная гимнастика. Она хороша тем, что ею можно заниматься не только в домашних условиях, но в любом месте в любую свободную минуту.

ДЫШИМ И УСПОКАИВАЕМСЯ!

1. Делаем глубокий вдох через нос (рот закрыт) на счет «один, два, три, четыре, пять, шесть»;

2. Задерживаем дыхание на счет «один, два, три»;

3. Выдыхаем через рот на счет до двенадцати, то есть в два раза дольше, чем делали вдох.

Повторять как минимум 10–15 раз. Я это делала, например, на протяжении нескольких автобусных остановок, в больничных и магазинных очередях.

Когда вы находитесь дома и свободны от домашних дел, не погружайтесь в грустные мысли, а продолжайте вести непримиримую борьбу с недугом, используя нижеприведенные методики. Они очень эффективны, поверьте, на практике работают исключительно!

Образ болезни

После того, как вы успокоились, давайте поработаем над образом болезни.

Известно, что каждый человек воспринимает окружающий мир по-своему: одни больше его видят, другие — слышат, третьи — ощущают. Возможно, у кого-то этот образ уже сформировался, у кого-то нет — придумайте его в виде чего-то, отдаваясь потоку фантазии, свободных ассоциаций. У одних он будет изобиловать цветом, у других будет добавлен звук, у третьих будет в движении — что кому подскажет воображение.

Постепенно изменяя созданный образ, вы тем самым будете влиять на осознание того, что вы побеждаете болезнь, а затем и на положительную динамику лечения.

Не секрет, что на психическое состояние оказывают влияние цвета. Например, красный цвет возбуждает, фиолетовый успокаивает, желтый концентрирует внимание, а желтый и красный его рассеивают. Оранжевый цвет порождает прилив энергии, амбиции и стремление к победе.

Художники знают, что ярко-красный, ярко-желтый и оранжевый — теплые цвета, а светло-синий, салатовый и голубой — холодные. Взаимодействие цветов еще более усиливает влияние на эмоции, состояния.

Так, например, золотисто-желтый цвет и цвет морской волны усиливают эмоциональную уравновешенность. А сочетание золотисто-желтого и огненно-красного цветов действуют противоположно. Поэтому в процессе работы над образом болезни, изменяя его цвета и оттенки, вы будете не только изменять свою болезнь, но и создавать положительные эмоциональные состояния.

И помните Демосфена: успех — в силе собственного воображения!

Есть несколько способов работы с образом болезни.

НАРИСОВАТЬ И ПОРВАТЬ

Перенесите созданный образ болезни на бумагу, рисуйте чем угодно. Возьмите лист в руки и с наслаждением и ожесточением, энергично начинайте рвать его на мельчайшие кусочки, какие только возможно. Затем выбросьте их в пакет, мусорное ведро и немедленно вынесите на помойку. Если есть возможность и желание, то сожгите эти мелкие кусочки бумаги, а пепел смойте в унитаз. В это время «промысливайте», как ослабляется ваша болезнь, как постепенно утекает из вашего организма.

Это нужно проделывать регулярно, каждую неделю, и только тогда вы заметите, что образ будет бледнеть, мельчать, скукоживаться, а, возможно, видоизменяться в какие-то приятные, добрые, светлые образы. Тем самым вы будете помогать своему организму справляться с болезнью.

Есть другой вариант техники «Образ болезни» — возможно, для кого-то он будет более приемлем.

ПРЕДСТАВИТЬ И РАЗБИТЬ

Представьте, что перед вами на стене рама, в которую вставлено стекло. Мысленно возьмите палитру с красками и запечатлите на нем образ вашей болезни.

Крепко сожмите в руке воображаемый молоток — и от всей души разбейте, раскрошите, расколошматьте вдребезги это стекло. В это время промысливайте, как ослабляется ваша болезнь, как постепенно утекает из вашего организма. Затем возьмите совок с веником, можно даже реальные, соберите осколки и — на помойку!

А вот еще одно полезное упражнение.

РИСУЕМ ЗДОРОВЬЕ

Зная анатомию, каждый примерно представляет, где какой орган находится и как выглядит. В большинстве случаев рак поражает какой-то один из них. Зная очаг поражения в своем теле, возьмите безвредные (!), например медовые акварельные краски, и нарисуйте в том месте энергетически положительный образ здорового органа.

Может, это будет изумительная по красоте бабочка, или трогательная ромашка, или узор, или веселый человечек. Проделывая это, вы будете направлять позитивную энергию на этот орган, просто вытесняя из него болезнь. Помните о «промысливании»: во время рисования направляйте целительные лучики положительных эмоций на орган.

«ВЗМАХ»

Закройте глаза. Углубленно и детально представьте образ болезни, включая цвет, звуки, ощущения, ни в коем случае не включая себя в эту картину эмоционально. Наблюдайте ее со стороны.

Теперь создайте второй образ, вторую картину — образ вашего здорового организма по окончанию лечения. Отрегулируйте эту картину по четкости, яркости, цветности. Для большей эффективности упражнения и лучшего результата в эту картину включите себя. Вы там обязательно должны быть!

Сначала представьте себе первую картину с образом болезни. Она большая и яркая. Потом в нижний правый угол ее поместите картину своего здоровья, пока еще маленькую.

Теперь «махните» картины, то есть мгновенно, резко замените большую картину маленькой и сделайте образ здоровья большим, ярким, контрастным, каким вы его создали чуть раньше.

Откройте глаза. Очистите экран. Затем закройте глаза и 5 раз подряд повторите замену образа болезни образом здоровья.

Для проверки вызовите первый, нежелательный, образ болезни. Если «взмах» был эффективным, то это будет сделать трудно, а если и удастся, образ будет тусклым, размытым, удаленным и, главное, неприятным. Картина будет постоянно исчезать, а отрицательные ощущения и эмоции, связанные с ней, терять свою остроту.

Психотерапевты утверждают, что люди находятся во власти силы собственного воображения, и что боль-

ной человек, вооружившись правильным представлением, может снова достичь своего душевного и физического равновесия!

Самовнушение

Французский психотерапевт Куэ создал «формулу внушения», которая очень эффективно помогает в случае, когда больной действительно хочет использовать свои 50 % успеха в выздоровлении на всю катушку.

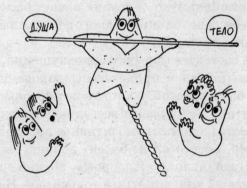

Эта формула должна быть простой и не носить насильственный характер. Например: «С каждым днем мне становится все лучше и лучше».

При этом не важно, соответствует ли формула действительности, так как она адресуется нашему подсознательному «Я», которое отличается легковерием. Подсознательное «Я» принимает формулировку за истину, как приказ, который надо обязательно выполнить. Чем проще будет формула, тем лучше эффект. Куэ говорит: «Формулировки должны быть "детскими", они предназначаются не для нашего сознательного, критически настроенного "Я", а исключительно как представление, как детские формулы».

Произвольное самовнушение должно осуществляться без каких-либо волевых усилий. Сознательно внушая себе что-либо, делайте это совершенно естественно, совсем просто, с убеждением и, главное, безо всякого усилия.

Чтобы поверить в то, что ваши собственные мысли, представления могут влиять на непроизвольные функции организма, проделайте следующее: привяжите к нитке грузик, возьмите нитку в руку и, не двигая и не шевеля рукой, начните представлять себе, как этот грузик раскачивается.

И произойдет чудо — грузик начнет раскачиваться на самом деле только от одного вашего представления о его колебаниях!

Далее составьте формулу самовнушения, которая может меняться в процессе выздоровления. Она должна быть простой, состоять из нескольких слов, максимум из 3—4 фраз, и всегда носить позитивное содержание (вспомните позитивное целеполагание). Например, вместо «Я не болен» должна быть какая фраза? Правильно — «Я здоров!». Можно придумать своеобразный код, понятный только вам. Например, для усиления веры в свои силы может быть использована формула «Я могу, я могу, я могу».

Я МОГУ!
Во время упражнения займите удобную позу сидя или лежа, закройте глаза, расслабьтесь и шепотом, без всякого напряжения 20 раз произнесите одну и ту же формулу самовнушения. Произносить фразу нужно монотонно, не фиксируя внимания на ее содержании, не громко, но так, чтобы самому было слышно обязательно.

Сеанс самовнушения продолжается 3—4 минуты, повторяется 2—3 раза в день в течение 6—8 недель.

Мне, например, это упражнение наиболее эффективно помогало , когда я пребывала в полусонном состоянии утром при пробуждении и вечером при засыпании.

Чтобы не отвлекать своего внимания на счет при 20-кратном повторении формулы, используйте четки с двадцатью косточками, шнурок с двадцатью узелками и т. п.

Несомненным преимуществом этого упражнения является то, что вы сами активно участвуете в процессе, а сеансы можно проводить в любой обстановке и в любое время.

Глава 7

Ну и нахимичили!

Услышав из уст врача о предполагаемом лечении, будь то химиотерапия, облучение, а возможно, и операция, вы, помимо прощания с жизнью, задавались вопросом, зачем все это назначено? Поверьте, врач не ставит своей целью сжить вас со света: летальный исход пациента ему ничего кроме моральных и материальных неприятностей не сулит. Любое лечение ставит целью нормализацию систем организма — вот именно этого и будет добиваться врач.

Издревле признано, что основное условие успешного лечения — это глубокая, искренняя вера в выздоровление, доверие к врачу, к его методам. Поверьте, именно в этом основа мощнейшей генерации, выработки положительных эмоций, без которых не произойдет активизация целительных внутренних сил организма. Уже давно экспериментально доказано, что внушение может вызывать изменения в организме — как функциональные (изменение температуры тела, частоты сердечных сокращений), так и морфологические.

Адаптивные реакции нашего организма могут вызываться как различными физическими («Сохранить здоровье чтоб, применяйте, люди, обтирание»), фармакологическими («Витамины будешь есть, позабудешь про болезнь»), так и суггестивными воздействиями, в том числе и аутовоздействиями.

Такие, казалось бы, различные методы, как музыкотерапия, цветолечение, арт-терапия, приводят к одинаковому результату — направленной активизации психики, которая в дальнейшем приводит к желаемым изменениям в функционировании организма, к упорядоченности в работе структур органов.

В Новосибирском Институте клинической экспериментальной медицины уже долгие годы исследуется феномен мобилизационных реакций человеческого организма. Назван он реакцией Прометея.

Вспомните раздел школьной программы по литературе «Мифы Древней Греции». Прометей — титан, похитивший у богов с Олимпа огонь и передавший его людям. За это по приказу Зевса был прикован к скале и обречен на постоянные муки: прилетавший каждый день орел расклевывал его печень, отраставшую снова за ночь.

Это мифологическое восстановление органа и есть пример активаций реакций стресса. Мы все периодически испытываем его. Кому не известно состояние тревоги, напряжения сил? А потом внутренние моторы перегреваются, и наступает некий душевный вакуум, опустошенность. Известны последствия этого в виде истощения, ослабления иммунных реакций нашего драгоценного организма, а потом и болезни.

А вот в реакции Прометея фазы истощения практически нет, так как вскрываются наиболее глубинные, наиболее мощные резервы сил организма.

Человек, попавший в экстремальные условия, требующие от него предельной мобилизации сил, — это вы. Знайте, что человек, попавший в такие условия и включивший на полную катушку мощь физических, душевных сил, который не сдался, а включил второе, третье и все остальные дыхания, становится поистине всемогущим. Ваше сознание должно быть полностью центрировано на достижении цели. В таком состоянии потенциал иммунитета, уровень защитных сил организма возрастает до максимальных величин.

У победителя раны не болят.

Те, кто не сдаются, те, кто решают бороться до победы — в которой нет никаких сомнений — те, кто найдут дорогу, да пусть хотя бы тропочку, к реакции Прометея, имеют больше шансов выздороветь.

Дали добро на курс химиотерапии, операцию, облучение?

Вы — молодец.

Вы — мужественный человек.

А давайте прямо сейчас вы откроете приложение с фигурами и просто посмотрите на них (см. приложение на с. 112). Об их волшебных свойствах вы прочтете в следующих главах.

Мы начнем работать с того самого момента, когда вы зашли в палату.

Теперь рекомендации, можно сказать, ликбез для начинающих лечение.

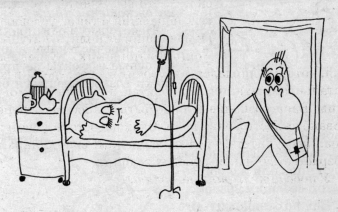

Хочу вас настроить на то, что любое лечение, даже прижигание зеленкой, по своей сути агрессивно. Только, прижигая ранку зеленкой, мы агрессивны по отношению к стафилококкам и стрептококкам, а проходя курсы химиотерапии или радиооблучения, мы агрессивны к раковым клеткам.

Иногда радиооблучение, химиотерапию назначают до или после операции, чтобы гарантировать, что никаких микроскопических раковых клеток не останется. Лечение может растягиваться на недели и даже на месяцы, и его побочные эффекты могут включать тошноту, потерю волос, усталость, судороги, ожоги кожи, изменение веса тела (от гормональных препаратов можно пополнеть). Но чего только не вытерпишь ради выздоровления!

Кстати, когда у меня начали выпадать волосы, я не стриглась наголо. Какое-то время ходила, как Альберт, так сказать, Эйнштейн. Моя забавная прическа вызывала просто массу гениальных идей.

Откровенно говоря, не важно, какие события происходят в жизни. Гораздо важнее самих событий наше отношение к ним.

Некоторые люди принимают перечисленные выше побочные эффекты за признаки возвращающейся болезни. Это редко имеет место. Если такие мысли снова и снова лезут в голову, перечитайте еще раз эту книгу или же поговорите с лечащим врачом.

Важно ознакомиться с побочными эффектами лечения и с причинами, их вызывающими. Мы столько можем, сколько знаем.

Знание — сила, как говорил Ф. Бэкон. С одной стороны, знание уменьшает тревожное состояние, с другой стороны, помогает устранить или ослабить неприятные побочные эффекты. Без них ведь как-то легче переносится лечение.

Знайте, что вы — отважный человек. Все окружающее пространство способствует выздоровлению. Белый цвет, как известно из уроков физики, если вы не были любителем свежего воздуха, не что иное, как сложное по спектральному составу световое излучение, вызывающее в человеческом глазу нейтральное в цветовом отношении ощущение. А давайте представим, что это все цвета, существующие в природе, собрали вместе, чтобы усилить лечебный эффект назначенных процедур.

Какой ваш любимый цвет? Он тоже есть в белом или его можно получить из белого!

Сейчас мы с вами проживем трудные моменты лечения буквально по дням.

День первый

Вам известно чувство страха, засасывающее, как трясина: хочется проснуться ясным утром лет в пять, когда все так просто, знакомо, пахнет мамой, добротой, любимый мишка рядом, боги-родители что-то говорят на своем взрослом языке? Или вернуться к 17 мантрической технике работы с состоянием страха. Разрешите себе и побояться, нет необходимости загонять ваш страх внутрь, где он начнет плести сети в подсознании.

Сегодня у вас процедура химиотерапии. Запаслись легким чтивом: детективы, анекдоты?

Окружающих попросите отойти на безопасное расстояние, особенно тех зловредных болтунов, которые получают незабываемые впечатления от ваших перекошенных испугом физиономий после очередной страшилки о муках исходящих на небо от страшного недуга.

Такие больные — настоящие вампиры, питающиеся вашим страхом. Знайте это, и сами выберите оружие против них. Это может быть осиновый кол, вязанка чеснока (шутка) или простые оранжевые бе-

руши за 12 рублей. Если все это не поможет, попросите, причем настойчиво, не говорить на такие темы. В некоторых случаях простое нецензурное слово срабатывает. Ну а если случай запущенный, не тратьте свои нервы, просто вообразите стеклянную перегородку перед собой, отгородитесь от этого человека и не смотрите — не слушайте!!!

Вы уже под капельницей? Немного страшно? Это боятся своей гибели ваши опухолевые клетки — бластомы!

А теперь смотрим на капли лекарства и повторяем: «Каждая капля лекарства — это капля жизни. Капля проникает в мой организм и стремительно несется к опухоли. Вот она разрушает клетки опухоли. Вот другая капля снова убивает опухоль. Болезнь разрушается. Болезнь разрушается. Капля лекарства — это капля жизни. Капля проникает в мой организм и стремительно несется к опухоли. Вот она разрушает клетки опухоли. Вот другая капля убивает опухоль. Болезнь разрушается. Болезнь разрушается!»

Повторяйте эту суггестию, пока хватает сил.

А еще пейте воду, пейте воду! Хорошо бы минералочку, какую любите.

Если проблемы с почками, то проконсультируйтесь с врачом о количестве литров. Люди пьют по-разному: одни водохлебы, другие пьют по одной-две чашки.

Возможно, это дело привычки: как кто натренировал свой «водный центр» (есть такой в стволе мозга). Встает вопрос: как же тренировать его, сколько воды

пить? Здесь нет убедительных фактов, можно руководствоваться только принципом разумности.

Давайте выпьем чайку, сока, минералки. За здоровье!

И опять настраиваем себя: «Вода поможет вывести из моего организма погибшие клетки опухоли. Вода — это мой помощник».

Это действительно так. После химиотерапии, как и при похмельном синдроме, при отравлении, обильное питье помогает быстрее справиться с последствиями: способствует более быстрому очищению организма от токсических продуктов, как введенных с пищей, с воздухом, так и образующихся внутри организма после химио- и радиотерапии. Раковые клетки-то погибают!

После процедур расслабьтесь, поспите, почитайте эту книгу, чтобы подготовиться ко второму дню.

Не забудьте о противорвотных препаратах. Этот вопрос обговорите с врачом. В лечебнице обязательно есть такое средство, но не для всех оно будет достаточно действенно. Есть более сильные препараты, которые можно подобрать по приемлемой для себя цене.

День второй

Без включения сил самого человека в процесс оздоровления истинное благополучие останется только мечтой. Невозможно исцелить человека одними внешними мероприятиями при его полной пассивности. Человек должен исцелиться сам, приведя в гармонию свой внутренний мир, а это недостижимо без страстного желания быть здоровым.

Даже если сейчас плохо, вам все равно необходимо думать о выздоровлении. Часто на второй день бывает невыносимая тошнота и рвота. Это не что иное, как элементарная интоксикация организма. Мчась к унитазу, не забудьте захватить с собой убеждение: «Организм выбрасывает из меня мертвые бластомы. Я оздоравливаюсь». Чем более тошно, тем с большим остервенением проговаривайте слова, про себя, вслух ли — как удобнее. Доползли до кровати — и хлоп стаканчик воды. Вода — это жизненные силы. Сложно стакан, тогда половину, хотя бы четверть, не меньше!

Представьте, как вам было комфортно и весело в мамином животике. Только водой поддерживалась ваша жизнь! Выпейте воды, представьте это, свернитесь калачиком в так называемую внутриутробную позу.

Кстати, за рубежом существует метод лечения различных неврозов, когда человека помещают в большую силиконовую емкость, наполненную водой температуры тела, во внутриутробной позе. Воздух поступает через мягкую трубку. Именно в позе эмбриона человек чувствует себя наиболее защищенным от агрессии окружающего.

Если вам трудно представлять, думать, все равно нечего просто так валяться! Хотя бы просто дышите! Вдох — медленный выдох. Вдох — медленный выдох. Тошноту облегчит, да и организму «прохимиченному» поможет насытиться кислородом.

Вообще, тошнота, по моим наблюдениям, имеет циклический характер, зависящий от химиотерапевтических препаратов, от количества курсов, и конечно, от особенностей вашего организма.

У меня было целых десять курсов подряд. Сначала организм, по-моему, просто не понял, что с ним произошло, и немного обиделся (тошнота и рвота были несильными). А вот потом выдавал на-гора, что объяснялось общей длительной интоксикацией (поначалу все же мобилизовывались защитные реакции, далее заметно ослабевшие). И что интересно, тошнота при последних курсах тоже слегка поубавилась.

Явление это связано просто с адаптивными способностями человеческого организма. И пусть не радуются тараканы, считающиеся на Земле уникальными приспособленцами. Мы тоже не лыком шиты! Если уж факиры привыкают к сильнейшему нейротропному, поражающему нервную систему, яду изредка не понимающих их кобр, то что говорить о вас, проходящих такую процедуру!

Если вам невмоготу заниматься даже хотя бы дыхательной гимнастикой, установите перед собой или на любое видное место страничку 120 с аффирмациями (позитивными установками). Осознаваемого осмысления, может, и не будет, но ваше бессознательное обязательно примет эту информацию.

Кроме этого рекомендую использовать картинки с изображениями точки, сбалансированной в центре спирали, S-образной кривой и основных элементов чакр, о которых вы узнаете чуть дальше (см. приложение на с. 112). На бессознательном уровне созерцание этих фигур приводит к успокоению нервной системы, к нормализации кровяного давления, дыхания и гармонизации психики в целом.

Представляйте, что завтра вы встанете, а сильная тошнота пройдет. Можно будет просто спать и спать, забыв о том дне, как о кошмаре.

День третий

Хотя тоже может быть не сладко: веки тяжелые, сон окутывает сладкой негой, начинаешь проваливаться в нее и... раз! Впечатление такое, словно сердце останавливается, дыхание перехватывается, возникает спазм, встрепенешься, словно курица на насесте при виде птичницы, — и уже не до сна. А он новой волной накатывает. И опять проваливаешься в объятия Морфея (это бог сна). Но не тут-то было: сердце останавливается, дыхание перехватывает, возникает спазм — и снова не до сна.

Если вам это знакомо, сочувствую. Состояние не очень-то приятное, но бояться не надо: страшно, но не смертельно. Эти ощущения часто вызваны желудочным спазмом, а еще тем, что при химиотерапии страдает также и блуждающий нерв, отравленный химпрепаратами и бластомными токсинами, он начинает давать сбои, плохо себя вести, вызывая у вас такие реакции. Все проходит, и это пройдет!!!

День четвертый

Наверняка все, что можно, вы уже отлежали, неприятные ощущения в теле закончились или вполне терпимы, поэтому пора заниматься гимнастикой для души и тела.

Такой гимнастикой, причем очень результативной, является аутосуггестия, или самовнушение (с одной из техник вы уже знакомы по формуле Куэ).

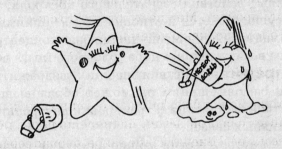

К категории «самовнушение» можно отнести и такие понятия, как самовоспитание, саморегуляция, самовоздействие и т. п.

Ученые по-разному трактуют эту категорию. Например, А. М. Свядощ под самовнушением понимает «усиление влияния представлений на вегетативные или психические процессы, вызванные психической активностью лица, проводящего это самовнушение». М. Е. Бруно считает, что это методика внушения каких-то мыслей, желаний, образов, ощущений, состояний самому себе. А. С. Ромен убежден, что это волевой процесс, обеспечивающий целевое формирование готовности организма к определенному действию, и, при необходимости, — к его реализации.

Эти объяснения я пишу для того, чтобы вы уловили главную суть: самовнушение — это активная работа над собой с самим собой.

Бессмысленно и без дела лежать-то: собственно, некогда! Болезнь только и ждет, когда вы потеряете контроль над собой, душевную и физическую активность, когда апатия и вялость охватят вас, чтобы начать захватническую войну, так что торопитесь активно работать над собой до полной победы над ней! Как говорит М. Норбеков, лень — это смерть!

Считается, что в основе самовнушения лежат ослабленные действия сознательного контроля, который осуществляется в отношении воспринимаемой информации. Если при внушении очаг концентрированного возбуждения в коре головного мозга возникает в результате действия внешних раздражителей, то при самовнушении он может образовываться вследствие оживления и тренировки внутренних ассоциативных связей.

Путем аутосуггестии можно влиять не только на психические процессы, но и на нормализацию функций организма.

В настоящее время разработано большое количество психотерапевтических методов, основанных на самовнушении, и я с удовольствием хочу предложить вам несколько из них. Сразу скажу: из предложенного вам сама я использовала не все, но многие, и хочу ответственно заявить — они очень результативны!

Самое главное — помните, что Москва не сразу строилась. Что-то не будет получаться сразу — у кого-то одно, у кого-то другое, но не стоит отчаиваться и бросать выбранное упражнение, ведь раз вы его выбрали, значит, оно вам подходит, просто надо терпеливо стараться и ждать, когда придет сноровка. Не бросайте работу, если начали! Если вам совсем уж какое-то задание разонравилось и не по душе, оставьте его на потом, и сразу же выберите другое, которое кажется более привлекательным, интересным, приемлемым, хорошо?

Итак, читайте, выбирайте и подбирайте.

Прогрессивная мышечная релаксация (метод Джекобсона)

Чикагский врач Джекобсон исходил из общеизвестного факта о том, что эмоциональное напряжение сопровождается напряжением поперечно-полосатых мышц, а успокоение — их релаксацией. Естественно было предположить, что расслабление мускулатуры должно сопровождаться снижением нервно-мышечного напряжения.

Занимаясь аппаратурной регистрацией объективных признаков эмоций, Джекобсон заметил, что различному типу эмоционального реагирования соответствует напряжение соответствующей группы мышц. Так, например, депрессивное состояние сопровождается напряжением дыхательной мускулатуры, страх — спазмом мышц артикуляции и фонации.

Снимая посредством волевого самовнушения напряженность определенной группы мышц, можно избирательно влиять на отрицательные эмоции.

Цель этого метода заключается в достижении произвольного (то есть волевого!) расслабления поперечно-полосатых мышц в покое.

Условно выделяют три этапа освоения техники прогрессивной мышечной релаксации.

Первый этап

Лягте на спину, согните руки в локтевых суставах и резко напрягите мышцы рук, вызывая тем самым ясное ощущение мышечного напряжения. Затем руки расслабьте и свободно уроните. Повторите несколько раз. При этом нужно фиксировать внимание на ощущениях мышечного напряжения и расслабления.

Следующее упражнение — сокращение и расслабление бицепсов. Сокращение и напряжение мышц должно быть сначала максимально сильным, а затем все более и более слабым (и наоборот). Обратите внимание: в этом упражнении необходимо фиксировать внимание на ощущениях напряжения мышц и полного их расслабления.

После этого упражняйтесь в умении напрягать и расслаблять мышцы сгибателей и разгибателей туловища, шеи, плечевого пояса, наконец, мышцы лица, глаз, языка, гортани, участвующие в мимике и акте речи.

Второй этап

Вы в положении сидя учитесь напрягать и расслаблять мускулатуру, не участвующую в поддержании тела в вертикальном положении; далее — расслаблять при письме, чтении, речи мышцы, не участвующие в этих актах. И не говорите, что вы не знаете, с какими мышцами здесь надо работать, понапрягайте мышцы по всему телу и поймете обязательно!

Третий этап

Путем самонаблюдения установите, какие группы мышц у вас более всего напрягаются при различных отрицательных эмоциях (страх, тревога, волнение, смущение) или болезненных состояниях. Затем натренируйтесь их контролировать и посредством релаксации местных мышечных напряжений научитесь предупреждать или купировать отрицательные эмоции, болезненные проявления.

Сеансы проводятся по 1–2 раза в день, каждый из которых продолжается не менее 30 минут. Весь курс обучения занимает от 3 до 6 месяцев.

Я думаю, неплохо было бы включить метод Джекобсона в первый год программы максимума своей жизни — тогда трудно будет отвертеться от этой работы, придется трудиться! Если бы вы знали, как он эффективен, вы бы не отказались от него, поверьте.

Самовнушение, йога и техника медитации

Современные методы самовнушения при всем своем многообразии имеют древние и в большинстве своем общие истоки. К ним прежде всего относится *древнеиндийская система йоги* с ее практическими находками.

Значение слова «йога» соответствует его санскритскому корню «йюдж», что означает «запрягать в упряжку, надевать сбрую, дисциплинировать». А в более широком смысле — «заставить себя сосредоточиться, мобилизоваться».

Йога — широкое понятие, которое включает в себя и цель, и средства ее достижения. Прежде всего йога — древнеиндийская философская система. Главное в ней — учение о самосознании. Путем самосознания, согласно йоге, человек может достичь «освобождения», то есть способен освободить свое индивидуальное сознание (душу) от влияния условий материальной жизни и слить его с абсолютным знанием (Богом). Самосознание достигается путем сосредоточения, при котором «созерцающее сознание теряется в созерцаемом объекте и перестает сознавать себя».

В зависимости от использования специфических техник существуют различные виды системы йоги: мантра-йога, хатха-йога, лайя-йога, раджа-йога.

В *мантра-йоге* концентрация осуществляется на определенных словах и выражениях (мантрах), которые при непрерывном повторении (джапа) оказывают определенное воздействие на состояние центральной и вегетативной (периферической) нервной системы.

Основу *хатха-йоги* («силовая йога», «йога против воли») составляют асаны (позы) и пранаямы (упражнения по дыханию).

Не только западные специалисты, но и йоги считают, что существует связь эмоционального состояния человека с позой и тонусом мускулатуры. Используя мышечную систему как наиболее поддающуюся волевому контролю, путем многолетней тренировки нервно-мышечных процессов приобретают навыки самовоздействия на эмоциально-волевую сферу личности. При этом одни асаны действуют на организм как релаксанты, транквилизаторы, другие — как стимуляторы.

Определенные асаны приводят к расслаблению мышц грудной клетки, что снижает усилия при дыхании. Поэтому они предшествуют пранаяме. Йоги считают, что существует прямая связь между дыханием и психическим состоянием, и придают этой связи большое значение.

Лайя-йога — система саморегуляции, цель которой — пробуждение латентной, то есть скрытой энергии периферийной нервной системы. Основная техника этой системы — медитация. Объектами концентрации могут быть специфические слова (мантры), геометрические фигуры (янтры), картины (даяты).

Существует еще *ражда-йога*, но мы ее обсуждать не будем, так как это целая система этико-философских принципов и религиозных норм, а также правил медитирования, но, в отличие от лайя-йоги, объекты медитирования здесь связаны с высшими проявлениями сознательной деятельности человека.

Слово «медитация» происходит от греческого «медомой» — о чем-то размышлять. Ему соответствует санскритский термин «дхьяна» — размышление, углубление. С позиции древнеиндийской психологии бодрствующее сознание человека имеет три возможных состояния:

1. неспособность сосредоточиться на одной мысли (состояние, противоположное медитации);

2. навязчивая мысль, мотив, образ (непроизвольная медитация);

3. способность произвольно, при помощи волевого усилия сосредоточиться на чем угодно и не думать о том, что мешает в данный момент (медитация).

Ну, первые два состояния знакомы каждому из нас, правда же? А вот над формированием третьего придется поработать.

Вы можете размышлять над какой-то житейской или научной проблемой, можете быть охвачены какой-то идеей, но это не есть медитация. Под медитацией подразумевается искусственно созданная ситуация, в которой человек специально занят самосовершенствованием своих мыслительных процессов или каких-то психических особенностей, размышляя, то есть медитируя над им же созданными искусственными обстоятельствами.

Для примера можно сравнить спорт и обычный физический труд. Специальные физические упражнения более эффективно развивают силу и мышцы, чем физический повседневный труд. Точно так же специальная практика медитации может усиливать наши психические возможности более значительно, чем повседневное функционирование психики. И если при медитации концентрировать внимание на физиологических процессах организма, то это приведет к их изменению, как при аутогенной тренировке.

Техника медитации йогов связана с такими понятиями, как *янтры* и *мантры*.

Янтры

Уже первобытный человек пытался материализовать свои представления о мире путем изображения наскальных рисунков. Созерцая их, он вызывал у себя различные эмоции, переживания. Сначала это были изображения реальных образов (людей, зверей, растений), а потом и их символов. В этом отношении верха совершенства достигла египетская символика.

Как мы уже говорили, использование различных цветов оказывает различное влияние на психическое состояние человека. Таким же образом действуют и разнообразные формы.

Например, зигзагообразная линия с острыми углами создает впечатление резкого изменения, накопления и разряда энергии, вызывает у человека чувство напряженности, тревоги. Наоборот, S-образная кривая называется линией грации и формирует чувство гармонии, успокоения. Закругленные линии можно назвать легкими, ломаные — твердыми. Фигуры с радиально (из центра) расходящимися прямыми создают впечатление излучения. Квадрат связывают с представлением о завершенности, круг — с космической бесконечностью и абсолютной гармонией.

Ряд геометрических фигур (см. приложение) подобран по принципу возрастания иллюзии излучения. Эти фигуры считаются священными почти во всех религиях и являются основными элементами в изображении чакр в системе лайя-йоги.

Также разное психическое воздействие оказывают фигуры симметричные и асимметричные: концентрация внимания на фигуре со сбалансированным центром (уравновешенная, симметричная фигура) вызывает чувство успокоения, умиротворенности, гармонии. Концентрация же на несбалансированной фигуре — чувство тревоги, дискомфорта, напряжения.

Эффект воздействия формы и цвета на психическое состояние человека можно использовать на любом этапе лечения, в любой день, в любое время. Можно нарисовать в центре простого листа точку и концентрировать на ней свое внимание во время дыхательной гимнастики, например, или при чтении мантр, что существенно усилит эффект.

Кроме круга так же на листах рекомендую изобразить лучистые и S-образные фигуры и развесить их в комнате, где вы проводите большую часть времени. При концентрации на них своего внимания вы сможете расслабляться, успокаиваться, приводить свои чувства в порядок.

Мантры

Бесспорен и тот факт, что большое значение для психики человека имеют звуки и речь. Основное назначение речи состоит в передаче информации. Однако эмоциональное и суггестивное воздействие человеческой речи определяется не только содержанием информации, но и зависит от выразительности, громкости, музыкальности произнесенных слов. Также важными будут мягкость и сила голоса, паузы, использование эффекта неожиданности.

Слова, смысл которых конкретен (блеск, свет, холод, тепло, сладко), обладают большей суггестивной силой, чем слова с абстрактным смыслом (потому что, следовательно, в результате, очевидно). Чем выше степень абстракции при описании образа, тем меньше степень его внушаемости. Если мы хотим сформировать образ какого-то конкретного человека, то следует говорить не о человечестве вообще, а о конкретных качествах конкретного человека.

Наши эмоции могут изменяться не только от смысла и интонации речи, но и от определенного звукосочетания слов. Такие слова, как *«монотонный»*, *«фланель»*, *«дрожжи»*, *«Владивосток»* звучат мягко, а слова *«роза»*, *«пробуждаю»*, *«трава»*, *«рассвет»* звучат твердо, стимулируют к действию. Заметьте, что приказы отдаются в виде твердых слов, добавляя сюда еще их особое произношение. Какие ассоциации у вас со словом «красный»? А в этом слове практически у всех европейских языков присутствует буква «р» — наверное, самая твердая при произношении.

Вы прекрасно знаете, что все звуки делятся на гласные и согласные, а последние, в свою очередь, на твердые и мягкие. Гласные получаются при озвученном выдохе и характеризуются высотой основного тона и сопровождающих его обертонов. Последние принято называть формантными тонами. Самый высокий формантный тон у звука «и», самый низкий — у звука «у».

При воздействии словом важно не только его смысловое содержание, но и звуковая структура. Так, например, присутствие в слове звука «и» создает впечатление чего-то маленького, незначительного, узкого. Это легко подтвердить: назовите воображаемыми словами «ла», «лау», «ли» три одинаковые по форме, но различные по величине фигуры. Вероятнее всего, наибольшая фигура будет обозначена «лау», а наименьшая — «ли».

Наличие звуков «а», «е», «и» создает ощущение чего-то яркого: белого, светлого, желтого, красного; звуки «ы», «о», «у» ассоциируются с мрачным, темным.

Речь освобождается от понятийного содержания при выраженных аффектах (крик, рев).

Наоборот, в восклицаниях, таких как «ах!», «ох!», «их!», содержится сильный эмоциональный компо-

нент. Восклицания как бы символизируют сами эмоции. Они не несут никакой понятийной нагрузки, кроме представления об определенном эмоциональном состоянии.

У каждого из нас обычно с определенными состояниями связаны определенные эмоции. Если мы произнесем такое восклицание несколько раз подряд, то сможем вызвать соответствующие эмоции. Помните, что наружные процессы формируют и вызывают глубинные? В этом специфическом воздействии звукосочетаний на нашу психику и заложена тайна воздействия мантр.

Сознательное воздействие на человека с помощью слов или словосочетаний практиковалось еще в глубокой древности. Многократное повторение определенных, чаще всего бессмысленных, слов широко распространено в практике народной медицины, культовых обрядов, присуще стрессовым ситуациям. В таком воздействии бессмысленного ряда слов на психику человека нет ничего абсурдного, так как в этом случае воздействует не смысловая нагрузка, не информация, а звукосочетание, которое будет вызывать положительные эмоции и состояния.

Разрыв содержательных связей в структуре мышления происходит в полусонном состоянии, а также во время медитации.

Мантры можно придумывать и самому.

ПРИДУМАЙ СВОЮ МАНТРУ!

Представьте, что вы на берегу моря, под вашими ногами теплый мягкий песок, ласково греет утреннее солнце, шум прибоя умиротворяет, запах моря приводит в восторг. Вы чувствуете себя спокойно, уверенным в своих силах человеком.

Расслабьте тело, сконцентрируйте внимание на своих ощущениях и придумайте словосочетание, соответствующее в данный момент вашему душевному состоянию. Это и будет ваша мантра! Концентрируясь на ней впоследствии в процессе медитирования и повторяя ее многократно, вы сможете вызвать у себя то душевное состояние, те эмоции, которые испытали и прочувствовали на морском берегу. Подобным образом вы сможете создать мантры, соответствующие различным позитивным эмоциональным состояниям.

Упражняясь в медитации, соблюдайте, пожалуйста, следующие правила.

Техника медитации

1. Помещение для медитации должно быть тихим, теплым и уютным для вас. В последующем, после освоения техники, можно медитировать в любом месте.

2. Медитация должна выполняться натощак или через 1–2 часа после еды, лучше утром (до завтрака) и вечером (перед ужином).

3. Не следует проводить тренировок, если вы чувствуете себя плохо или эмоционально перевозбуждены.

4. Во время медитации не сопротивляйтесь мыслям, спонтанно возникающим в сознании, — пусть они исчезнут сами.

5. Не делайте из медитации идеи фикс.

6. Сеансы медитирования должны продолжаться по 40–45 минут 3–4 раза в неделю.

Сразу хочу предупредить, что вначале вы, скорее всего, будете испытывать трудности с концентрацией мысли, и это неудивительно, концентрировать свое внимание на чем-либо всегда сначала трудно. Но упорно продолжая тренировки, вы скоро увидите заметные сдвиги, поверьте! Главное, не бросайте: неудача на первом этапе — это нормально, она постигает практически всех, вы не одиноки!

ПОЗА

Если вы углубленно занимаетесь хатха-йогой, то знаете, что можно использовать позу «лотос» или «полулотос». Если вы только знакомитесь с ней, можете медитировать в положении сидя на стуле с удобной спинкой, позволяющей выпрямить позвоночник, или лежа на спине.

КОНЦЕНТРАЦИЯ НА СОБСТВЕННОМ ТЕЛЕ

Займите позу медитации. Сконцентрируйте внимание на своем теле.

Я лежу спокойно… мое тело расслаблено… мои руки и ноги расслаблены… я чувствую пальцы ног… они расслаблены полностью… чувствую свои голени… мои голени расслаблены полностью… чувствую свои бедра… мои бедра расслаблены… все мое тело расслаблено… моя грудная клетка расслаблена… мое тело расслаблено… чувствую свой живот… он расслаблен… чувствую свою шею… она расслаблена… чувствую свое лицо… каждая мышца лица расслаблена… я все больше и больше расслабляюсь…

Произнесение фраз происходит медленно, одновременно с активной концентрацией на частях тела. Со временем в ходе тренировок глубина мышечного расслабления увеличивается.

На определенном этапе медитирующий как бы превращается в постороннего наблюдателя собственной мыслительной деятельности. В сознании появляются самые различные реальные или фантастические картины. Необходимо отстраниться от эмоциональных переживаний этих картин и следить за ними как бы со стороны, наподобие беспристрастного зрителя.

При углублении медитации картины начинают все быстрее сменять друг друга. Происходит распад мыслительного процесса.

КОНЦЕНТРАЦИЯ НА ПОЗЕ

Все свое внимание направьте на правую руку. Сконцентрируйтесь на ощущениях, которые испытываете в руке. Переместите руку и снова сконцентрируйтесь на изменившихся ощущениях.

Теперь концентрируйте внимание на позе тела. Ощутите его пространственную конфигурацию. Представьте, что вы совершаете различные действия — плаваете, ныряете, танцуете, выполняете гимнастические упражнения, наносите удары, защищаетесь. Совершая их мысленно, отслеживайте, какие изменения происходят в вашем теле, что происходит с каждой группой мышц.

КОНЦЕНТРАЦИЯ НА ДЫХАНИИ

После принятия медитативной позы расслабьте тело и сконцентрируйтесь на дыхании. Не меняйте естественного ритма дыхания, а только следите за ним. Дыхание можно мысленно сопровождать фразами: «Я чувствую свой вдох… чувствую свой выдох…» и так далее. Простота упражнения — только кажущаяся. При тренировках вы столкнетесь с ограничением возможности удерживать свое внимание на дыхании.

Да, возникают периоды рассеянности со сменой картин и мыслей. Но в процессе регулярных тренировок периоды рассеянности, поверьте, сокращаются, а вот периоды концентрации становятся все более продолжительными и устой-

чивыми. Так что — не бросать, а продолжать медитировать дальше, вы же хотите быть здоровым человеком и жить долго?

Скоро вы начнете ощущать внутреннюю стабильность и гармонию своих эмоциональных реакций.

Сконцентрировав свое внимание на дыхании, можно повторять примерно следующие медитативные фразы.

МЕДИТАТИВНЫЕ ФРАЗЫ

Я вдыхаю… Я выдыхаю… Грудная клетка расслаблена… (Здесь и далее — один дыхательный цикл).

Я вдыхаю… Я выдыхаю… Мое тело расслаблено…

Я вдыхаю… Я выдыхаю… Я чувствую покой и расслабление…

Я вдыхаю… Я выдыхаю… Приятное ощущение…

Приятно дышать… (вдох) Приятно дышать… (выдох)

Я чувствую тепло… (вдох) Я чувствую тепло… (выдох)

Все тело расслаблено… (вдох) Все тело расслаблено… (выдох)

Спокойствие и тишина… (вдох) Спокойствие и тишина… (выдох)

МЕДИТАЦИЯ НА МАНТРАХ

Примите позу, в которой можно находиться длительное время, не испытывая физических неудобств. Тело полностью расслабьте, успокойтесь, ритмизируйте дыхание, сконцентрируйте внимание на, например, центрированной точке или закройте глаза. В этом состоянии полного расслабления и начинается непрерывное мысленное повторение мантры (процесс джапа).

Непрерывная концентрация на мантре является трудным процессом: через некоторое время после начала медитации внимание непроизвольно рассеивается, место мантры занимают посторонние мысли или картины. Но затем концентрация вновь фокусируется на мантре и процесс джапа продолжается.

В древней практике лайя-йоги используются звуки санскритского языка, смягченного группами звуков «нг», «анг», «инг». Например:

1. анг, банг, ванг, данг, джанг, дзанг, танг, занг, канг, ланг, манг, нанг;

2. енг, бенг, венг, генг, дженг, дзенг, тенг, зенг, кенг, ленг, менг, ненг, пенг, ренг, сенг, тенг, фенг, хенг, ценг, ченг, шенг;

3. инг, бинг, винг, гинг, динг, джинг, дзинг, тинг, зинг, кинг, линг, минг, нинг, тинг, ринг, синг, тинг, финг, хинг, цинг.

Каждую мантру следует тренировать отдельно в течение продолжительного времени, которое вы определите сами по собственным ощущениям распада мыслительного процесса.

Достаточно выбрать 2–3 мантры, создающие у вас соответствующее эмоциональное состояние. Мантра способствует заполнению сознания нейтральным содержанием, освобождающим его от следов предшествующей психической деятельности, и вхождению в целительный транс.

В учении о йоге существует еще много интересного и увлекательного, например, медитация на чакрах как средство воздействия на вегетативную нервную систему.

Если кто-то из вас заинтересуется йогой в целом, я буду очень рада, так как в этом случае вас ждет много замечательных открытий. Наверняка там, где вы живете, есть люди, занимающиеся йогой в системе, так знакомьтесь с ними и занимайтесь на здоровье по полной программе.

Глава 8

Затянуло бурой тиной...

Сеяли разумное, доброе, вечное...

Мы *привыкли думать* о том, что мы самостоятельны.

Самостоятельны в мыслях, самостоятельны в суждениях, самостоятельны в выборе и во многом другом.

А так ли это на самом деле?

Вопросы для уверенных в том, что это так.

- Вы родились по собственной воле, выбрав родителей?
- Свой генотип вы исследовали и выбирали так же пристрастно, как и автомобиль при покупке?
- Тип темперамента закладывали сами?
- Вспомните, а характер моделировался, как конструктор, по вашим чертежам?
- И выбор детского садика, школы, музыкалки, секции, кружка — тоже исключительно ваших рук дело?
- А друзья и товарищи, разумеется, были выбраны из всех миллиардов, населяющих нашу планету. **Да?..**

Конечно, многим захочется ответить «да» — хотя бы просто из вредности. Но давайте честно признаемся себе: дело обстоит не совсем так или совсем не так.

- Ни родителей, ни родственников мы не выбираем, может быть, к счастью, может быть, к сожалению.
- Генотип и тип темперамента передан нам от них со всеми вытекающими последствиями.
- В основе характера лежит тип темперамента, доставшийся нам по наследству. А формируется он под влиянием тех же родных и близких.
- Воспитательно-образовательный путь определен и проложен ими же.
- И книжки, если они были, мы читали в основном те, которые стояли на наших книжных полках.
- Круг друзей формировался из детсадовской группы, класса, двора, секции или кружка.

И все эти годы день за днем мы постоянно впитывали в себя, как губка, мысли, утверждения, правила, обычаи, нормы поведения и морали *всех, кто нас окружал*. А это:

- родители,
- бабушки и дедушки,
- дяди и тети,
- воспитатели и няни,
- учителя и тренеры,
- друзья-товарищи и их родители,
- соседи,
- книги и фильмы… (продолжите список по желанию).

И каждый, с кем мы сталкивались с самого рождения, заложил свой кирпичик в храм нашего мировоззрения. Вот мы и представляем сейчас из себя сосуд, наполненный чужими мыслями и убеждениями, суждениями и взглядами, которые называются *жизненными установками*, посредством которых мы идеализируем себя, отношения, мир.

Жизненные установки

Конечно, мы абсолютно уверены, что это наше личное приобретение и достояние — так глубоко они проросли в нашем сознании. А рядом с  нами находятся много других сосудов-людей, наполненных своими жизненными установками, которые, в свою очередь, являются, как и для вас, «истинами в последней инстанции».

И когда они где попало оставляют свои тапочки, не кладут лук в борщ, не моют руки перед едой, трогают стекла внутри салона автомобиля (продолжение списка ужасных преступлений займет бесконечное количество времени), то такие люди, как минимум, вызывают злость и раздражение, а как максимум, становятся нашими личными врагами, которым мы объявляем священную войну — джихад.

Закладывая жизненные установки в наши головы, родные и близкие руководствовались лучшими побуждениями (ведь их установки самые верные и правильные!). А помните выражение о том, что благими намерениями вымощена дорога в ад? Не играют ли они с нами злую шутку, когда в повседневной жизни наши установки сталкиваются с чужими?

В результате столкновений, причем по нескольку раз в день, мы раздражаемся, злимся, впадаем в ярость или, будучи хорошо воспитанными, расстраиваемся, огорчаемся, плачем. Ложась спать, прокручиваем в голове произошедшее, обвиняя другого или себя: «Ну как он может?!», «Ну что за люди?!», «Какая же я дура!!!»

А наутро, встав совершенно разбитыми, мрачными, раздраженными, несчастными, мы еще более, чем накануне, готовы к новым столкновениям.

Изо дня в день, находясь в состоянии негативных переживаний, аффектов, фрустрации, стрессов, мы разрушаем сначала психическое, а затем и физиологическое здоровье, что, безусловно, приводит к болезни. Представьте, как каждый раз учащенно бьется ваше сердце, натужно гоняя кровь по сосудам, как надпочечники выбрасывают в кровь гормон гнева и страха — адреналин; начинает ныть желудок, болеть голова от повышающегося кровяного давления... Если это происходит каждый день, то, как минимум, гипертония и ишемическая болезнь сердца нам обеспечены.

А что он, в самом деле, паразит, не моет свою щетку после чистки зубов?!

Подумайте сейчас, сопоставимы ли по своей сути зубная щетка и ваша жизнь?.. Один умный человек сказал: эмоции, обычно, через какое-то время проходят. Но то, что они сделали, — остается. Переживания накапливаются и становятся пусковым механизмом какой-либо болезни, которая дается жизнью как способ «укрощения строптивых», то есть жизнь, испробовав более легкие наказания в виде неудач, нереализованных планов, подкатывает более тяжелую артиллерию: человек, остановись и опомнись, я предупреждаю тебя!

Практически все корифеи психологии считают, что болезни тела рождаются психикой.

Не таким ли путем вы получили эту болезнь?

Чтобы успешно справиться с онкологическим заболеванием и не приобрести другие болезни в будущем (а мы же решили жить долго, да?), нам с вами необходимо понять, как жить в гармонии с собой, другими, миром.

Жизненных установок у каждого из нас бесчисленное множество. Поговорим об основных из них, тех, которые чаще всего мешают нам нормально существовать и жизни радоваться. А ведь хочется же, правда?

Мы, если быть честными, подменяем понятие конкретного мира вокруг нас понятием мира в целом. Скажите, положа руку на сердце, что вас сейчас волнует больше: как прожить на 100 рублей до зарплаты или голодные дети Уганды?

Собственно, нас всегда касается только то, что происходит с нами каждый день. Вот этот мир, который нас окружает, и есть главный. Это окружающие нас люди (семья, коллектив, продавщица, кондуктор) со своим поведением, поступками, отношением к нам; это обстоятельства нашей жизни со всеми хитросплетениями; это мы собственной персоной со своими внешностью, здоровьем, характером, верованиями...

Разве я говорю, что вы черствы и бездушны? Я верю, что вы расстроитесь из-за животного, сбитого автомобилем, будете переживать за голодных детей Уганды, у вас навернутся слезы на глаза, когда зазвучит невыносимо волнующая песня «Вставай, страна огромная, вставай на смертный бой...» (лично я еще ни разу не прослушала эту песню, не заплакав). Но как долго будет длиться ваше переживание? Столь же долго, как в случае скандала с продавщицей или

же перепалки с дочерью-подростком по поводу ее черной помады и бесконечных «двоек»?

Это я к тому, что в нашем, по-настоящему окружающем нас мире, все грустнее и сложнее.

Его-то принимать таким, какой он есть, оказывается, гораздо труднее, чем тот, далекий.

А как вы думаете, почему? Да потому что у нас постоянно возникает недовольство тем, что происходит с нами и вокруг нас. А почему возникает недовольство? Да потому, что уж мы-то с вами точно знаем, каким он должен быть, этот окружающий

нас мир, какой должна быть жизнь вообще, кто должен быть в правительстве, кто — директором, какую музыку должен слушать сосед (ну уж, разумеется, не ту белиберду, которую он слушает сейчас)…

Но реальность не соответствует нашим ожиданиям, представлениям, убеждениям, то есть нашим жизненным установкам!

Мы обнаружили, что наши бесконечные длительные недовольства, расстройства, огорчения, гнев, злоба и другие отрицательные эмоции возникают у нас только потому, что идеальная картина мира, вбитая в наши головы с детства родными, близкими, педагогами, книгами, фильмами, газетами и прочим, не совпадает с реальной картиной этого мира! Мир-то в действительности не такой, каким мы желаем его видеть. Мы пытаемся вступать с ним в конфликт, а выходит еще хуже: наше же недовольство возвращается к нам в виде отвратительного настроения, плохих отношений с родными, коллегами, приходом болезней. Чем больше мы недовольны жизнью, тем больше она недовольна нами. Она помогает только тем, кто не предъявляет к ней претензий!

Что же делать?

Не вступать в конфликт с миром, позволяя ему оставаться многогранным, разным и, конечно, несовершенным, то есть не быть корзинкой нашего набора верований и идей! Реальность мира совершенно не зависит от наших суждений о нем.

Самый простой пример: тетенька, которая сегодня утром в автобусе испортила вам настроение расцветкой своего платья, и не подозревает о вашем существовании! Она пошла по жизни в своем платье дальше, а вы еще два часа думали, как можно иметь такой ужасный вкус. И даже коллеге об этом рассказали. В красках. Опять пережив при этом негативные эмоции.

Конечно, смотреть на все сквозь розовые очки с безмятежностью сфинкса очень трудно, но надо понять, что у нас практически нет шансов изменить объективную реальность, существующую помимо наших представлений о ней. Но зато у нас есть своя реальная жизнь и реальный шанс сделать ее успешной, осмысленной и радостной! Если жизнь уже есть, то прожить ее нужно, по возможности, с удовольствием, друзья мои!

Запомните: чем меньше вы испытываете отрицательных эмоций, тем более комфортна ваша жизнь во всех ее проявлениях!

Конечно, без разнообразных проявлений нашей эмоциональной сферы жизнь бедна и бесцветна, для полноты и остроты ощущений необходимы и страдания, и переживания — это не плохо! Плохо то, что люди страдают и переживают так сильно и долго, что это оказывает влияние на качество их жизни!

Вот с этим мы и будем работать.

Вы уже поняли, что наши жизненные установки, наши идеальные представления о жизни способствуют накоплению негатива.

Каковы же эти жизненные установки, застилающие нам глаза на счастливую жизнь?

Установка на совершенство

В вашем сознании есть образ идеального «Я», это ваш эталон, идеал. «Я»-идеал может распространяться на все сферы вашей жизни (я должен все всегда делать лучше всех!), а может мучить вас только в одной области (я должен всегда прыгать выше всех!).

И если вы «реальный» не дотягиваете до него, то начинаются заморочки в виде самоедства, отчаяния, аутоагрессии и прочего. Потому что вы-то знаете, каким должны быть (например, умный или красивый)! А в действительности маленько не такой умный и не сильно красивый. Начинаются недовольство и мучительные подгонки себя «реального» под «идеального», от чего еще больше негатива вплоть до депрессий.

С детства мальчику говорили, что мужчина не имеет право на ошибки, что он все должен делать основательно, быть за все ответственным. Вот он и рвет волосы на голове при случайной ошибке, и клянет себя денно и нощно за то, что в какой-то ситуации просмотрел свою ответственность.

А еще ему внушали, что главное — сохранить свою честь при любых обстоятельствах. Но однажды вечером пятеро отморозков навалились на него в подворотне, он не смог им противостоять и убежал. «Как после этого считать себя настоящим мужиком?» — мучила, жгла его мысль. Ну в таком состоянии можно и рюмочку-другую опрокинуть, стресс снять, а потом еще один день, и еще... А ведь на самом деле он совершил, возможно, самый разумный поступок за последние лет десять!

Или девочке все время внушали, что она просто обязана учиться на «отлично». И вот перед каждой контрольной, перед каждым экзаменом она впадала в полусознательное состояние от страха получить не «5», а после ее откачивали валерьянкой и валидолом.

Через некоторое время, совсем скоро — диагноз, связанный или с ЖКТ, или с сердечно-сосудистой системой.

Другой пример не слаще, когда девочка все свое детство только и слышала о том, что она неумеха, что руки у нее растут странным образом — не из обычного места (а если ей еще и сообщили, откуда именно...). Ей, по всей вероятности, не добиться хорошей работы, так как она все время будет ждать неуспеха, неудачи, провала дела и т. д.

Что в результате? Если даже привлекательная работа и будет подстерегать взрослую девочку на пути, она ловко от нее будет отбиваться под благовидными предлогами, чтобы, не дай Бог, не опозориться и не провалить порученное дело.

В общем и целом, вам мешает жизненная установка на совершенство (несовершенство), если вас посещают такого рода мысли.

- Я обязательно должен принять единственно правильное решение, я не имею права на ошибку!
- Я бездарность, у меня никогда ничего не получается, мне ничего нельзя доверить!
- Для меня невозможно доставлять кому-то огорчения!
- Если кто-то подумает обо мне плохо — я этого не переживу!
- Я всегда должна быть на высоте!

Установка на межличностные отношения

Практически все люди мечтают о бесконфликтных, радужных отношениях с окружающими, и практически никогда таких отношений нет. Отношения есть, но другие. Почему это так? Да потому, что каждый человек на самом деле вступает в социальные связи не с реальными людьми, которые его окружают, а с их идеальными образами, которые сам же человек и выдумал, находясь под влиянием заблуждений-установок.

Иными словами, он, общаясь с другими, ждет от них только тех поступков и слов, которые, по его представлению, они должны совершать и говорить. А если люди поступают «не по правилам» (причем, мной установленным), то как же можно с такими вообще разговаривать?! Отдавай мои игрушки!

Смешно в этом признаваться, но мы обижаемся на человека за то, что он оказался не таким, каким мы его себе представляли. Если человек ведет себя, по моим понятиям, неправильно, несправедливо, недостойно, то я из-за этого буду сильно огорчаться, злиться, расстраиваться, правда же? А чего он?

Действительно, не всякое поведение может быть достойным хоть с чьей точки зрения, только НАМ зачем целый день переживать из-за этого? Полночи не спать? Ну, обидно, может, оскорбительно, но это же

его поведение, мы от его поступков или слов хуже не
стали? Если человек матом не ругается, а на нем раз-
говаривает, поразмышляйте, какие отношения были
в его семье, — может, это для него норма. И никто
нам не обещал, что мир будет, как зефир в шоколаде.

Вы страдаете от установки на межличностные
отношения, если испытываете отрицательные эмоции, когда:

- к вам отнеслись без необходимого вам внимания;
- о вас забыли, о вас не позаботились;
- услышали грубое слово в свой или чужой адрес;
- пренебрегли вашими интересами;
- не выполнили обещания, подвели вас;
- предпочли вам другого человека;
- на вас посмотрели «волком»;
- вы позволили себе высказаться в чей-то адрес резко;
- вам необходимо что-то потребовать в свою пользу;
- вы ко всем с доброй душой, а в ответ только подлости и об-
  ман;
- забыли поздравить кого-то с чем-то.

Установка на контроль

Есть еще одна жизненная установка, очень сильно
влияющая на нашу нервную систему. Она называется «контроль за окружающим миром» и довольно
тесно переплетается с предыдущей.

Мы всегда лучше других знаем, как, что и когда
должно происходить вокруг нас. Знаем, как должен
поступить другой человек, происходить событие
или, тем более, мероприятие, и часто огорчаемся, что
не можем повлиять на ход событий. Уж мы-то знаем,
как нужно! Вспомнились хоть пара-тройка случаев,
когда мы так думали, правда же?

«Контролер» может волноваться как за объекты и субъекты в рамках ближнего круга, так и за них же в космическом масштабе. Например, это могут быть как самые близкие (ребенок, супруг, друг или подруга), так и люди в транспорте, на работе, в подъезде, Государственной думе и т. д.

Более худшая ситуация — когда «контролер» не только расстраивается из-за неправильно проведенной вечеринки или свежих надписей на стенах, но и всеми путями (указаниями, манипулированием, конфликтами) пытается оказывать внешнее давление на обстоятельства, людей, чтобы изменить их поведение в нужную им сторону.

Я знакома с женщиной, которая каждый раз, ругаясь с сыном из-за его холостяцкой жизни, падает с сердечным приступом, все заканчивается вызовом неотложки и валидолом. Это типичнейший пример манипулирования — таким способом мамочка влияет на жизнь сына, заставляя его через страх за нее вести себя, по ее представлениям, правильно.

Сюда же относятся тотальный контроль над членами семьи, чрезмерная всеобъемлющая забота о них, страх за них же, свое будущее, ревность и самоконтроль, то есть контроль, направленный внутрь себя. Самоконтроль весьма дискомфортен, ведь человеку всегда надо быть начеку: не сметь позволить себе свободно общаться с кем хочешь, громко, от души рассмеяться (ведь это же неприлично!), поспать, сколько душе и телу угодно (я не имею права расслабляться!) и прочее.

Но контролировать себя всю жизнь — не получается, бывают промашки, и тут мы себе устраиваем такую головомойку, куда там Мойдодыру! В результате — глубокое разочарование в себе, недовольство собой, фрустрация, стресс.

Если мы замешаны и замечены в этом, то думаем:

- Ну почему меня никто не слушает, как надо делать?
- Если я не вмешаюсь, дело погибнет!
- Никому ничего нельзя доверить, все испортят!
- Мне тяжело, так как я всегда должна контролировать, что происходит в доме.
- Кто, если не я, знает, что нужно моему ребенку (мужу)?
- Я волнуюсь, когда не знаю, где члены моей семьи и чем они занимаются, ведь я несу за них ответственность!
- Я очень боюсь и переживаю, что будет потом.
- Я очень переживаю, удался ли пирог, понравились ли гостям мои блюда?

Установка на деньги

Рассмотрим еще одну установку — установку на приоритетность денег, материальных благ.

Деньги занимают очень важное место в нашей жизни хотя бы потому, что из-за них мы получаем чуть ли не постоянно огромное количество переживаний, отрицательных эмоций и прочей невротизации. Точнее, переживания мы получаем не из-за денег. А из-за их недостатка или, в нашем понимании, их отсутствия.

Почему мы так сильно и так часто мучаемся от недостатка или отсутствия денег? Потому что мы хотим столько-то, а реальность предлагает нам несколько иную сумму. То есть реальность и наши представления о том, как надо жить в материальном плане, не совпадают.

Если вы пенсионер, то пенсия у вас, конечно, мизерная, но вы уже ничего с этим не поделаете, если только не найдете приработок (коли здоровье позволяет). А если ничего нельзя сделать, то это же не в ваших силах — изменить существующее положение вещей. Так хотя бы не переживайте постоянно из-за этого! Получается, мало того что денег едва хватает, так вы еще и нервы свои тратите впустую. А к чему приводят длительные переживания?

С другой стороны, если вы полны сил, относительного здоровья, а зарплата гораздо меньше, чем хочется, так приложите все возможные усилия для ее увеличения или найдите более подходящую работу — но зачем же оставлять все по-прежнему и постоянно переживать по этому поводу? Ведь постоянные переживания приводят — сами знаете к чему.

Иначе говоря, можете изменить материальную часть своей жизни в лучшую сторону — не расстраивайтесь попусту, не сетуйте на нищенское существование, а меняйте ее любыми путями. Нет возможностей — ну что же теперь делать, живите на то, что есть, но, пожалуйста, очень прошу вас, не злитесь, не огорчайтесь, не расстраивайтесь, не переживайте, ведь от всего этого денег не прибавится, а здоровья убавится.

Подумайте над тем, что есть куча людей с гораздо более ощутимым достатком, но они не счастливее вас. Тысячи людей вертятся по ночам в размышлениях, как бы положить на заграничный счет очередной миллион, и переживают по этому поводу!!!

Смотрите, что получается: у вас такое количество денег, у других — другое, а переживаете-то одинаково? Значит, проблема не в количестве денег, а в отношении к ним. Поэтому относитесь к ним по возможности спокойно, ведь их количество не увеличится от силы ваших отрицательных эмоций. Если б это было так, сама бы переживала 25 часов в сутки, честное слово!

Заметьте, я совсем не призываю вас быть бессребрениками, наоборот, я очень хочу вашего материального благополучия, я только призываю не жить постоянно погруженными в материальные проблемы, не замечая самой жизни. Я призываю вас, причем очень горячо, от всей души, не грузить себя из-за того, что ваши представления о достойной жизни не соответствуют реальности.

Кого мучает эта жизненная установка? Того, кто постоянно думает:

- И за что мне такая жизнь?
- Почему мне так не везет?
- Все наворовали, кто смог, только я остался в дураках!
- Почему все мои финансовые начинания проваливаются?
- Мне стыдно сказать, сколько я зарабатываю.
- Я обречен(а) жить в нищете, никто и ничто мне не поможет!
- Как люди могут столько думать о деньгах?
- Да, я нищая, но честная!

Есть еще ряд жизненных установок, из-за которых мы качественно портим себе жизнь, не живем на всю катушку, а только переживаем по тому или иному поводу, но я думаю, и этих достаточно, чтобы в корне пересмотреть свою жизнь и отношение к ней, правда?

Дневник самонаблюдения

Что же делать, если вы решили измениться, а по привычке думаете и переживаете по-прежнему? Для этого можно начать, например, думать, что нам никто не обещал, что мир будет справедлив во всех своих проявлениях. Ну, ведь это же правда?

Психолог Свияш предлагает завести дневник самонаблюдения, в котором в виде таблицы предложены события, вызывающие негативные переживания, выявленная жизненная установка и ее отработка.

В течение дня или в конце дня вы записываете то, о чем переживали, размышляете, к какой установке это относится, и решаете, что с этим можно сделать. Народ говорит, что очень даже помогает!

Примеры выявленных негативных программ и их отработки

Негативные программы, установки, убеждения	Возможные аффирмации, позитивные установки
Мне не хватает (денег, положения, работы и т. д.), чтобы устроить свою личную жизнь	Сейчас у меня есть все, чтобы устроить свою жизнь так, как я хочу! Я сама создаю свою личную жизнь!
Чтобы заработать много денег, я должен много и тяжело работать	Большие деньги приходят ко мне легко и без особых усилий. Я получаю деньги играючи!
Я не должен отказывать людям, если они просят меня о чем-то	Я уважаю свои интересы. Я делаю только то, чего действительно хочу. Я легко говорю «нет». Я позволяю людям получать уроки от жизни

Негативные программы, установки, убеждения	Возможные аффирмации, позитивные установки
У меня нет коммерческой жилки	Я извлекаю выгоду из всего, что вижу, слышу и делаю
Радость и счастье нужно заслужить	Я живу легко и радостно. Я легко принимаю от жизни подарки
Я никому не нужна (нужен)	Я люблю себя, я радуюсь своей жизни! Я благодарна судьбе за все, что имею!
Жить нужно ради детей	Я живу своей жизнью! Я счастлива и делюсь этим счастьем с близкими!
Я должна оправдывать ожидания родителей (мужа, детей, родственников)	Я свободна и счастлива! Я живу так, как мне хочется, и радуюсь каждому дню!
Я бедный, но гордый (честный, порядочный и т. п.)	Я ценю деньги и позволяю себе получать их в нужном количестве. Я знаю цену своему труду, я горжусь тем, что я богат!

Помните каждый день, что вы — живы, что жизнь роскошна сама по себе, без всяких условностей, и освобождайте свою душу, свою голову от ненужной «переживательной» дребедени! Ведь нам необходимо как можно быстрее выздороветь, а что, как не здоровое отношение к жизни, поможет победить мерзкую болезнь, правда? Правда!!!

Глава 9

Камасутра нам поможет!

*Эта глава посвящается всем тем,
кто не только хочет, но и может.
Мы делаем то, что можно.
А как бы хотелось делать то, что
нельзя!*

Одной из животрепещущих тем является тема секса.

Убеждена, что вы умный человек и знаете о том, что рак — неинфекционное заболевание. Один из больных жаловался: «Меня жена больше не целует. Она думает, что так рак ловит». В этом случае совет один. Сделать из овощного морковного мешка бредень — и на реку. Растянуть его и пройтись по илистому дну. Вот здесь-то парочку раков, если повезет, можно и словить. А при поцелуе, причем даже страстном (надеюсь, что именно та-

кие у вас), реальнее поймать какой-нибудь микроб, чем рак.

В отношении секса надо сказать, что он должен быть без страха и упрека. Должен быть традиционный и нетрадиционный, спокойный и экстремальный — любой.

Человек формирует в своем сознании образ собственного тела. В процессе лечения он может измениться (выпадение волос, лучевые ожоги), что, в свою очередь, у кого-то вызовет недовольство, стыд, неуверенность, чувство дискомфорта перед партнером. А это может уничтожить наши представления относительно физической привлекательности для партнера.

Снова вы о себе любимом думаете больше!

В данной ситуации, поверьте, близкий человек испытывает гораздо больший внутренний дискомфорт, хотя бы только потому, что он не держал в руках эту книгу и у него в сознании сидит традиционно существующее в обществе мнение, что все безнадежно. Знаете ли вы о том, что близкие люди испытывают состояние паники и страха гораздо чаще, чем сами больные? Это именно так. В большинстве случаев ваш партнер гораздо больше обеспокоен по поводу состояния вашего тела.

Порой ваш любимый человек даже боится проявить инициативу в сексуальных отношениях, поэтому постарайтесь его понять. Проявите сами инициативу, покажите желание физического контакта. Покажите, покажите!

Если трудно совершить сексуальную революцию в своей душе, начните с теоретической подготовки — купите томик, видеокассету или DVD с Камасутрой, положите, например, в холодильник, или на сиденье машины, а то и показательно начните сами читать в постели или смотреть.

Вспомните фильм В. Мотыля «Белое солнце пустыни», как там барышни из Туркестана, дружно задрав юбки, спрятали личики. Представьте теперь знакомство с любимым человеком без обзора вашего лица и без слов. Хотя для кого-то тело тоже очень привлекательно. Не спорю.

Но ведь не только тело привлекает вашего любимого!

Вас любят за юмор, интеллект, здравый смысл, преданность, вкусные обеды, оберег домашнего очага, любовь к дочке и сыну, голос, душевность, за то,

что вы такой родной, и за многие другие таланты!

Вас узнали из тысячи: по словам, по глазам, по голосу...

И это больше, чем анатомия. Если чувствуете, что вместе с ногой, грудью, с железой простаты, волосами потеряли что-то из души, возможность восполнить и приобрести больше, чем имели, — перед вами. Это моя книга.

Одна из женщин, потерявшая обе груди, занялась йогой. «Я дос-

тигла такого ощущения целостности организма, какого не могла себе и представить до болезни».

У вас неограниченные возможности для душевного и творческого роста. Лечить не только тело, но и душу, развивать таланты, приобретать **новые** интересы — все это в вашей власти.

Попробуйте поэкспериментировать, в конце концов! Сейчас, как грибы, растут специализированные магазины, в которых можно купить много разных секс-примочек.

Это может быть не только то, о чем вы подумали, но еще и различные ароматизированные свечи, палочки для окуривания спальни, возбуждающие как мужчин, так и женщин, презервативы с причудливыми насадками, духи с феромонами и... многое другое. Фантазия поможет определиться с выбором. Смело экспериментируйте! Будьте откровенны друг с другом и самим собой.

Лечение **МОЖЕТ** вызывать снижение потенции, сексуального влечения (либидо). Но вы же знаете: зрелые отношения между партнерами выражаются в любви, привязанности, уважении, а не только в сексе.

Глава 10

Юридическая

Самое важное, что необходимо решить, прочитав эту главу, — продолжать работать или уйти на инвалидность.

Продолжать работать — это трудно: надо, как обезьянка из забавного детского мультика, крутиться между курсами химиотерапии, работой, начальником, учебой, не забывать о самореабилитации.

У меня так и было. Я, «отхимичившись», выходила на несколько дней на работу. В это время вела переговоры с начальником о том, кто вместо меня будет работать. Разрешили совместительство. Но и с ним надо было уладить.

Работа преподавателем особенно проблемна, если по какой-либо причине, неважно, уважительной или нет, не ведутся занятия: есть такое понятие, как программное количество часов по предмету. Есть еще такое понятие, как законы Российской Федерации, которые вас вычеркивают из активных граждан, если вы больны, и записывают вас в список лиц «на дожитие».

Совместительство в рамках одной школы было невозможно. Пришлось договариваться со знакомой из другой. Бралась ее трудовая книжка, заявление, приносилось все к кадровику, бухгалтеру. Проводилась по бумагам она, а работали все те же коллеги из моей школы. Зарплату получала за фиктивное совместительство я, и, конечно же, всю отдавала моим коллегам. Все оставались в выгоде. Заметьте, все происходило во время моих больничных.

Продолжать работать — это трудно. Но возможно. Это в ваших силах.

Вот о больничных, или о листах временной нетрудоспособности, говоря юридическим языком, сейчас будет особый разговор.

Мои курсы лечения совпадали с курсами химиотерапии одной знакомой девушки. Но мое желание продолжать работу заставляло меня действовать, чему способствовала и специфика работы преподавателем.

А моей знакомой не надо было думать о работе. Она лечилась и лечилась себе, пока как гром среди ясного неба не грянуло направление на МСЭК.

Если вы не знаете, что это такое, знакомьтесь. Читатель, это — МСЭК! МСЭК, это — читатель!

Мой совет читателю.

Читатель, миленький, не надо знакомиться с МСЭК. Не подавайте ему руки и не смотрите в глаза. Очертите вокруг себя круг, встаньте в него, и быстренько за гимнастику Норбекова!

А просто для расширения кругозора скажу вам, что МСЭК — это медико-социальная экспертная комиссия.

И сейчас мы с вами пройдем курс бойскаута по управлению МСЭКом.

Занятие первое

Тема: как поступать человеку, проходящему лечение, чтобы не получить инвалидность при прохождении МСЭКа.

Вам надо знать, что человек может находиться на больничном не более 120 (ста двадцати!) календарных дней. Здесь есть варианты. Можно дни использовать сразу, без выходов на работу. Тогда знайте, что вас лечащий врач направит на комиссию.

Хорошо, если вас будет лечить доктор душевный и сердобольный, который предупредит заранее о предполагаемом вердикте МСЭКа. Предполагаемый вердикт — инвалидность.

Можно 120 дней растянуть. Известно, что первые 1–3 курса химиотерапии переносятся легче. Организм еще активно справляется с поступающими в него препаратами.

Помним, что яды для нас — ядики, которые нам помогают справиться с болезнью. И если вы умненько все делаете, между первыми курсами можно выходить и работать. Ну да, подташнивает, ну да, голова побаливает. Да, много всего невкусного!

Здесь хочу вспомнить еще одну знакомую. Ее в течение нескольких лет регулярно оперировали, проводили курсы химиотерапии, а на работе (в какой-то крупной компании) даже никто не знал и не подозревал, что у нее страшнейшая меланома. И волосы у нее удивительные, длинные, светлые. И ни разу не выпали. Почему, сами додумайте!

Раскрою секрет чуда — желание жить! Ей всего сорок лет, у нее трое детей, младшему — семь, старшему — семнадцать. Поднимать надо, любить, быть мамой. И мужа нет. Бросил. А она сделала свой выбор между жизнью и смертью. И сейчас жива. И волосы такие же удивительные, длинные, светлые. И на вид ей всего 40 лет.

По истечении срока в 120 дней возможно два варианта развития событий. О них мы и поговорим на следующих занятиях.

Занятие второе

Тема: продление больничного еще на 4 месяца.

Догадайтесь, кто может дать разрешение на продление больничного? Слово из четырех букв. Первая М, последняя К.

Трудность в том, что в этом комиссию необходимо убедить. Как? Честно, не знаю как. Может, на шпагат сесть или презентовать выставку поделок из капельниц. А может, через знакомых заговорить председателя. А может, не заговорить, а задарить его подарком каким заморским.

Здесь нужно учитывать и то, что основаниями для признания гражданина инвалидом являются (далее выдержка из постановления о порядке проведения МСЭ, медико-социальной экспертизы):

- нарушение здоровья со стойким расстройством функций организма, обусловленное заболеваниями, последствиями травм или дефектами;

- ограничение жизнедеятельности (полная или частичная утрата лицом способности или возможности осуществлять самообслуживание, самостоятельно передвигаться, ориентироваться, общаться, контролировать свое поведение, обучаться или заниматься трудовой деятельностью);

- необходимость осуществления мер социальной защиты гражданина.

Наличие одного из указанных признаков не является условием, достаточным для признания лица инвалидом.

А теперь поинтереснее будет.

Решение о признании лица инвалидом либо отказе в установлении инвалидности принимается полным составом специалистов, принимающих экспертное решение, простым большинством голосов.

Занятие третье

Тема: Получение инвалидности.

Разъясняю ситуацию. Известно о существовании четырех групп инвалидности: 1-й, 2-й, 3-й, 4-й. В онкологии обычно (читай: почти всегда) определяют 1-ю и 2-ю группы. Известно и то, что в пределах каждой группы есть 3 степени утраты трудоспособности. Это:

- **1-я степень** — больной полностью трудоспособен. Выгода этой группы в том, что вы и работать можете, и денежку на витаминки получать по этой группе.

- **2-я степень** — больной ограниченно трудоспособен. Ему полагается облегченный труд. Здесь уже надо договариваться с работодателем: возможно ли вас из забоя перевести на погрузку вагонеток.

- **3-я степень** — нетрудоспособная.

Следует предупредить тех, кому удается все же путем нехитрых манипуляций, колдовства и алхимии брать больничные сроком более чем на 4 месяца, минуя МСЭК. Товарищи, государство не обманешь! Чтоб вы знали, все больничные в обязательном порядке проверяются, и ваш мухлеж обойдется вам очень дорого, когда выплывет наружу.

Неприятная ситуация, в которую при этом обязательно попадают, чревата стрессом. Зачем он вам?

Итак, подводим итог. Путей не получить инвалидность несколько. Вот они.

1. Больничный не брать. Малоприемлемо.

2. Прерывать больничный и выходить на работу. Возможно!

3. Когда 120 дней на исходе — идти в отпуск очередной, а потом на сколько возможно — за свой счет.

Здесь вспоминается написанное малюсенькими буквами в «Основах законодательства Российской Федерации об охране здоровья граждан» (часть 10, статья 20) право работающих граждан в случае болезни на 3-дневный неоплачиваемый отпуск в течение года, который предоставляется по личному заявлению гражданина без предъявления медицинского документа, удостоверяющего факт заболевания.

Заключение. Обращение к дорогому читателю

Если вы, прочтя мою книгу, хотя бы что-нибудь изменили в своем теле, душе, в судьбе, то я буду считать свою жизнь прожитой не зря.

Я бесконечно рада за вас, потому что каждый день, борясь со своей болезнью, побеждая ее, вы совершали ПОДВИГ.

Болезнь была для вас испытанием, и, оказавшись у роковой черты, вы сделали правильный выбор.

Вы научились управлять телом, эмоциями, мыслями, вы уверовали в свои силы, в свои возможности, в Бога.

Вы пришли к пониманию того, что окружающие вас люди, свободные от этого недуга, живут по-прежнему с кучей проблем, не совершенствуя тело и душу. В их сознании мало что изменилось, в то время как в жизни вашей изменилось ВСЕ.

И теперь о вас можно сказать: «И жить торопится, и чувствовать спешит».

Не могу не сказать об искушении «тайным знанием» магов, гадалок, колдунов, экстрасенсов. Не обращайтесь к ним хотя бы из-за боязни гнева Господнего. Как говорится в Писании: «...что заповедано тебе, о том размышляй, ибо не нужно тебе то, что сокрыто».

Существует грустная статистика смертности больных с запущенными формами заболевания, которые вместо медикаментозного и хирургического лечения доверились этим шарлатанам, тратя деньги не на покупку поддерживающих витаминно-минеральных комплексов, не на полноценное питание, а на очередное снятие порчи, очищение ауры или на прочие оккультные процедуры.

Конечно, переложить всю ответственность за себя, свое здоровье и жизнь на неудачное расположение звезд, кем-то наведенную порчу, сглаз — гораздо легче, чем взять эту ответственность на себя, и, не жалея сил, кропотливо, шаг за шагом, изменять собственную судьбу.

Подумайте над тем, что всем этим гадалкам, экстрасенсам абсолютно все равно, останетесь вы в живых или нет. Главное для них — заполучить ваши деньги! И тут они не стесняются в средствах: в ход идут и мистический транс, и «вдруг» поржавевшие иголки, и кровавые яичные желтки, ловко подкинутые пиковые тузы острием вниз, и только черт знает что еще припрятано в рукаве этих «спасителей». Сто раз подумайте, прежде чем пойти к ним. Надеюсь, что даже в самые тяжелые минуты разум все же не покинет вас.

Подумайте также и над тем, стоит ли хватать многочисленные средства спорного качества и состава, как правило, жутко дорогие, часто распространяемые сомнительными личностями. Ведь они могут быть не просто бесполезны, но и вредны.

Я вам категорически заявляю, прежде чем хотя бы задуматься о приобретении таких «лекарств», обязательно проконсультируйтесь со своим лечащим врачом. Обязательно!

Вы внимательно прочитали это слово? ОБЯЗАТЕЛЬНО!!!

Вспоминается нелепый случай, когда женщина заявила, что исцелилась биологически активной добавкой «Vision». Вы же сами понимаете, что чудес на свете не бывает. Бывает ошибочный диагноз.

Будьте благоразумны: неукоснительно следуйте указаниям врача, возьмите бразды управления судьбой в свои руки и работайте, работайте над собой: над своим телом, душой, разумом — и вам обязательно воздастся!

Наверняка вы чувствуете прилив бодрости. Раскройте свои таланты, ведь они обязательно есть. Займитесь творчеством. Пробуйте рисовать, петь, сочинять — у вас непременно получится!

Пусть примером пробуждений креативных способностей послужат для вас стихи онкологических больных.

Нет предела совершенству!

ПРАЗДНУЙ БОЛЬ!

Празднуй жизнь,
Празднуй боль!
Празднуй муку сгоревшей надежды!
Белым пеплом ее
Хлеб насущный с утра подсоли...
Мы незрячи еще —
Но уже открываются вежды,
Прибавляется света
В дымных сумерках отчей земли.

Празднуй боль!
Празднуй миг
Обретенья стези в бездорожье,
Празднуй луч,
Расхлестнувший тягучую мутную тьму!
Празднуй радость Души,
Постигающей Заповедь Божью,
В немоте — возжелавшей воздать
Благодарность Ему.

Празднуй боль,
Празднуй свет,
Празднуй жажду найти очищение,
Празднуй тяжесть ладоней,
Познавших осмысленный труд.
Дела хватит на всех!
И Отец не промедлит с прощеньем
Всех заблудших детей,
Что к родному порогу идут.

Празднуй Путь воскрешения
И внешнюю мощь ледохода —
Половодье грядет,
И темницы, и свалку сметет!

Набирает во тьме
Семя Истины силу восхода.
Все, что всеяно Богом —
Взойдет,
Возрастет,
Расцветет.

Лада Магистрова

***

Зачем я живу?
Зачем я дышу?
И почему я?
Даже если не грешу —
Умываюсь и бегу по делам,
Устаю и бегу по делам,
Устаю и валюсь на диван,
Сплю, люблю и мечтаю —
О Тебе забываю...
О, мой Бог... моя Душа...
Мой смысл жизни...
В суете мирской теряюсь,
А не в книжной.
Ты прости меня, я не ангел,
Я — кристалл!
О колючесть свою я душу
На кусочки рву и ору,
Что больше уже не могу...
Мне трудно идти своей судьбой,
Но путь этот избран только мной —
Значит, по силам...

Е. К.

***

Мне хочется плакать, да нет же, рыдать
И рвать, и метать, и кричать, и страдать.

Ну, где же все то, что таится во мне?
В груди? В голове? А может, в душе?
Что кроется в ней: злость, обида иль гнев?
Да все это вместе. За что же все мне?

За то, что не вижу, не слышу, не жду,
За то, что рассвет не встречаю в росу.
Не верю, не плачу, не знаю, не то —
Как много скопилось «не-не» и «за что».
Отбросив все это — осталось одно:
Я знаю, я верю, я все-все могу.
Могу и летать, и кричать, рисовать,
И петь, и, как птица, крылами махать.
Ведь что не хватает полету души:
Все страхи, запреты и тьма — ни души...

Один на один ты остался с собой, что дальше?
Пойди посмотри, дверь вон ту же открой.
Там ключик торчит. Так он золотой!
Не верю! Тьфу, елки, опять «не» со мной.
Вперед иль назад? Решать самому.
Но я все умею, и я все смогу.

Дрожащей рукой отворяю я дверь.
И вижу рассвет и росу на траве.
Я слышу, как птицы поют в вышине,
И яркое солнце встает вдалеке.
Увидев все это, я вдруг поняла,
Что значит свобода, что значит душа:
Блаженство в пространстве и счастье во всем,
Во всем, что живет не во сне, наяву.

With love, A. H.

Приложения

Волшебные фигуры

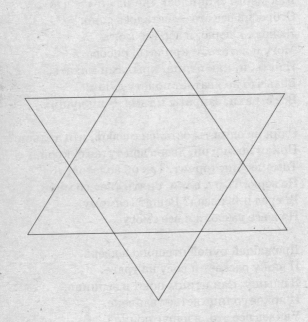

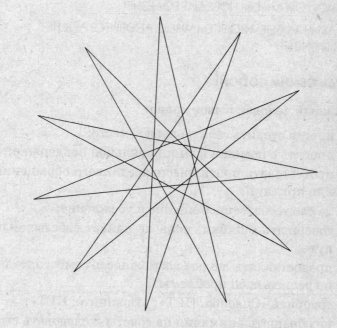

Аффирмации

СОБРАТЬСЯ, ВЫЖИТЬ И ПОБЕДИТЬ — ВОТ МОЯ ЦЕЛЬ!!!

Я ХОЧУ ЖИТЬ!

Я ЛЮБЛЮ ЖИЗНЬ, ЖИЗНЬ ЛЮБИТ МЕНЯ!

МОЙ ОРГАНИЗМ ПОБЕЖДАЕТ БОЛЕЗНЬ!

МОЙ ОРГАНИЗМ ПОБЕДИТ БОЛЕЗНЬ!

ДЕНЬ ЗА ДНЕМ ВО ВСЕМ МНЕ СТАНОВИТСЯ ЛУЧШЕ И ЛУЧШЕ!

Будь самим собой!

Каждый человек имеет право:

- иногда ставить себя на первое место;
- просить о помощи и эмоциональной поддержке;
- протестовать против несправедливого обращения или критики;
- на свое собственное мнение и убеждение;
- совершать ошибки, пока не найдет собственный путь;
- предоставлять людям возможность самостоятельно решать свои проблемы;
- говорить «Спасибо, НЕТ», «Извините, НЕТ»;
- не обращать внимания на советы и следовать своим убеждениям;
- побыть один, даже если другим хочется его общества;
- на свои собственные чувства, независимо от того, понимают ли их окружающие;
- менять свои решения или избирать иной образ жизни;
- добиваться перемены договоренности, которая его не устраивает.

Человек никогда не обязан:

- быть безупречным на 100 %;
- следовать за толпой;
- любить людей, приносящих ему вред;
- делать приятное неприятным людям;
- извиняться за то, что он был самим собой;
- выбиваться из сил ради других;
- чувствовать себя виноватым за свои желания;
- мириться с неприятной ситуацией;
- жертвовать своим внутренним миром ради кого бы то ни было;
- сохранять отношения, ставшие оскорбительными для него;
- делать больше, чем ему позволяет время;
- делать что-то, что он на самом деле не может сделать;
- нести на себе тяжесть чьего-то неправильного поведения;
- отказываться от своего «Я» — ради кого бы то ни было.

Список использованной литературы

1. *Александров Ю. Н.* Психофизиология. — СПб.: Питер, 2004.

2. *Берн Э.* Введение в психиатрию и психоанализ для непосвященных. — СПб., 1991.

3. *Козлов Н. И.* Семнадцать мгновений успеха: стратегии лидерства. — М.: Издательство «Астрель», 2004.

4. *Козлов Н. И.* Формула успеха, или Философия жизни эффективного человека. — Издательство «Астрель», 2004.

5. *Кондрашенко В. Т., Донской Д. И.* Общая психотерапия: 2-е изд. — Минск: Вышэйша школа, 1997.

6. *Папуш М.* Практическая психотехника. — М., 1997.

7. *Свияш А., Свияш Ю.* Улыбнись, пока не поздно! — М.: АСТ, 2003.

8. *Фейдимен Дж., Фрейгер Р.* Личность и личностный рост. — М.: РОУ, 1991, выпуск 1.

9. Методы эффективной психокоррекции: Хрестоматия / составитель К. В. Сельченок. — Минск: Харвест, 1999.

КНИГА-ПОЧТОЙ

Константин Крулев

О ЧЕМ ГОВОРЯТ СИМПТОМЫ
Справочник для всей семьи

Серия «Семейный доктор»

320 с., 13×20, обл.

Перед вами книга, которая должна быть в каждом доме, у любого человека, заботящегося о своем здоровье и здоровье своих близких. Здесь нет лишних сведений — только информация, которая понятна абсолютно всем и жизненно необходима:

- о чем предупреждает боль;
- как проявляются различные заболевания;
- что означает тот или иной симптом;
- когда нужно немедленно вызывать врача;
- какие анализы и обследования необходимы;
- что нужно взять в больницу;
- как оказать первую помощь;
- какие препараты обязательно должны быть в вашей аптечке.

Автор книги — Константин Александрович Крулев — практикующий врач, кардиолог, долгое время работавший на «скорой». Его огромный практический опыт и высочайший профессионализм положены в основу этой книги.

ИЗДАТЕЛЬСКИЙ ДОМ

ПИТЕР®
WWW.PITER.COM

КНИГА-ПОЧТОЙ

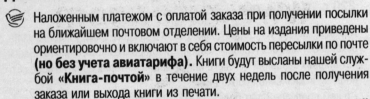

**ЗАКАЗАТЬ КНИГИ
ИЗДАТЕЛЬСКОГО ДОМА «ПИТЕР»
МОЖНО ЛЮБЫМ УДОБНЫМ ДЛЯ ВАС СПОСОБОМ:**

- по телефону: **(812) 703-73-74;**
- по электронному адресу: ***postbook@piter.com;***
- на нашем сервере: **www.piter.com;**
- по почте: **197198, Санкт-Петербург, а/я 619,
  ЗАО «Питер Пост».**

ВЫ МОЖЕТЕ ВЫБРАТЬ ОДИН ИЗ ДВУХ СПОСОБОВ ДОСТАВКИ И ОПЛАТЫ ИЗДАНИЙ:

Наложенным платежом с оплатой заказа при получении посылки на ближайшем почтовом отделении. Цены на издания приведены ориентировочно и включают в себя стоимость пересылки по почте **(но без учета авиатарифа).** Книги будут высланы нашей службой **«Книга-почтой»** в течение двух недель после получения заказа или выхода книги из печати.

Оплата наличными при курьерской доставке **(для жителей Москвы и Санкт-Петербурга).** Курьер доставит заказ по указанному адресу в удобное для вас время в течение трех дней.

ПРИ ОФОРМЛЕНИИ ЗАКАЗА УКАЖИТЕ:

- фамилию, имя, отчество, телефон, факс, e-mail;
- почтовый индекс, регион, район, населенный пункт, улицу, дом, корпус, квартиру;
- название книги, автора, код, количество заказываемых экземпляров.

Вы можете заказать бесплатный журнал «Клуб Профессионал»

ИЗДАТЕЛЬСКИЙ ДОМ
ПИТЕР ®
WWW.PITER.COM

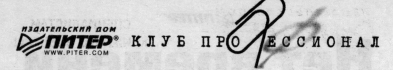

КЛУБ ПРОФЕССИОНАЛ

Основанный Издательским домом «Питер» в 1997 году, книжный клуб «Профессионал» собирает в своих рядах знатоков своего дела, которых объединяет тяга к знаниям и любовь к книгам. Для членов клуба проводятся различные мероприятия и, разумеется, предусмотрены привилегии.

Привилегии для членов клуба:

- карта члена «Клуба Профессионал»;
- бесплатное получение клубного издания – журнала «Клуб Профессионал»;
- дисконтная скидка на всю приобретаемую литературу в размере 10% или 15%;
- бесплатная курьерская доставка заказов по Москве и Санкт-Петербургу;
- участие во всех акциях Издательского дома «Питер» в розничной сети на льготных условиях.

Как вступить в клуб?

Для вступления в «Клуб Профессионал» вам необходимо:

- совершить покупку на сайте **www.piter.com** или в фирменном магазине Издательского дома «Питер» на сумму от **800** рублей без учета почтовых расходов или стоимости курьерской доставки;
- ознакомиться с условиями получения карты и сохранения скидок;
- выразить свое согласие вступить в дисконтный клуб, отправив письмо на адрес: postbook@piter.com;
- заполнить анкету члена клуба (зарегистрированным на нашем сайте этого делать не надо).

Правила для членов «Клуба Профессионал»:

- для продления членства в клубе и получения **скидки 10%**, в течение каждых **шести месяцев** нужно совершать покупки на общую сумму от **800** до **1500** рублей, без учета почтовых расходов или стоимости курьерской доставки;
- Если же за указанный период вы выкупите товара на сумму от **1501** рублей, скидка будет увеличена до **15%** от розничной цены издательства.

Заказать наши книги вы можете любым удобным для вас способом:

- по телефону: (812) 703-73-74;
- по электронной почте: postbook@piter.com;
- на нашем сайте: www.piter.com;
- по почте: 197198, Санкт-Петербург, а/я 619 ЗАО «Питер Пост».

При оформлении заказа укажите:

- ваш регистрационный номер (если вы являетесь членом клуба), фамилию, имя, отчество, телефон, факс, e-mail;
- почтовый индекс, регион, район, населенный пункт, улицу, дом, корпус, квартиру;
- название книги, автора, количество заказываемых экземпляров.

СПЕЦИАЛИСТАМ КНИЖНОГО БИЗНЕСА!

ПРЕДСТАВИТЕЛЬСТВА ИЗДАТЕЛЬСКОГО ДОМА «ПИТЕР»

предлагают эксклюзивный ассортимент компьютерной, медицинской, психологической, экономической и популярной литературы

РОССИЯ

Москва м. «Электрозаводская», Семеновская наб., д. 2/1, корп. 1, 6-й этаж; тел./факс: (495) 234-3815, 974-3450; e-mail: sales@piter.msk.ru

Санкт-Петербург м. «Выборгская», Б. Сампсониевский пр., д. 29а; тел./факс (812) 703-73-73, 703-73-72; e-mail: sales@piter.com

Воронеж Ленинский пр., д. 169; тел./факс (4732) 39-43-62, 39-61-70; e-mail: pitervrn@comch.ru

Екатеринбург ул. Бебеля, д. 11а; тел./факс (343) 378-98-41, 378-98-42; e-mail: office@ekat.piter.com

Нижний Новгород ул. Совхозная, д. 13; тел. (8312) 41-27-31; e-mail: office@nnov.piter.com

Новосибирск ул. Станционная, д. 36; тел./факс (383) 350-92-85; e-mail: office@nsk.piter.com

Ростов-на-Дону ул. Ульяновская, д. 26; тел. (8632) 69-91-22, 69-91-30; e-mail: piter-ug@rostov.piter.com

Самара ул. Молодогвардейская, д. 33, литер А2, офис 225; тел. (846) 277-89-79; e-mail: pitvolga@samtel.ru

УКРАИНА

Харьков ул. Суздальские ряды, д. 12, офис 10–11; тел./факс (1038067) 545-55-64, (1038057) 751-10-02; e-mail: piter@kharkov.piter.com

Киев пр. Московский, д. 6, кор. 1, офис 33; тел./факс (1038044) 490-35-68, 490-35-69; e-mail: office@kiev.piter.com

БЕЛАРУСЬ

Минск ул. Притыцкого, д. 34, офис 2; тел./факс (1037517) 201-48-79, 201-48-81; e-mail: office@minsk.piter.com

 Ищем зарубежных партнеров или посредников, имеющих выход на зарубежный рынок. Телефон для связи: **(812) 703-73-73**. **E-mail:** fuganov@piter.com

 Издательский дом «Питер» приглашает к сотрудничеству авторов. Обращайтесь по телефонам: **Санкт-Петербург — (812) 703-73-72, Москва — (495) 974-34-50**.

 Заказ книг для вузов и библиотек: (812) 703-73-73. Специальное предложение – e-mail: kozin@piter.com